KB233269

예배와 삶의 일치

순종의 열매 2

순종의 열매 2

꿈이 많은 사람 지음

비전북출판사

예배와 삶의 일치

복음에는 하나님의 의가 나타나서

믿음으로 믿음에 이르게 하나니; 기록된바,

"**오직** 의인은 **믿음**으로 말미암아 살리라" 함과 같으니라.

로마서 1 : 17

순종의 열매 2

1판 1쇄 발행 : 1998년 8월 2일
1판 3쇄 발행 : 2004년 2월 10일

저 자 : 꿈이 많은 사람
발행인 : 이원우 / 발행처 : **비전북출판사**
주 소 : (411-834) 경기도 고양시 일산구 장항동 585-2호
전 화 : (02)966-3090 / 팩 스 : (02)3293-6620

E-mail : vsbook@hanmail.net
등록번호 : 제10-1452호

공급인 : 박종태 / 공급처 : **비전북**
전 화 : (031)907-3927 / 팩 스 : (080)403-1004

Copyright ⓒ 1998 **비전북출판사** Printed in Korea
값 7,000원

ISBN 89-87613-55-0 03230

❖ 잘못 만들어진 책은 바꾸어 드립니다.

❖ 본 도서의 내용을 일부 또는 전부를 허락없이 전재, 복사 또는 광전자 매체 수록 등을 할 수 없습니다.

추천의 글

오늘날 그리스도인 중에 하나님의 말씀을 아는 사람은 많으나 말씀대로 살아가는 사람은 흔치 않습니다. 하나님은 시대가 어렵고 힘들 때마다 말씀을 주시고 이 말씀을 읽고, 듣고, 지키기를 원하십니다. 그리하여 말씀에 순종하는 자를 기뻐하시고, 그런 사람에게는 천대까지 복을 주시겠다고 말씀하십니다.

자녀가 부모의 말에 순종해야 하듯이 하나님의 자녀는 하나님의 말씀에 순종하는 것이 신앙 생활에서는 우선적으로 해야 하는 일입니다.

이번에 하나님의 말씀을 사모하고 말씀대로 살아가려고 노력하는 우리 교회 안수 집사인 노길상 집사님께서 성경 말씀 중 "하라", 또는 "하지 말라"하신 말씀을 뽑아 「순종의 열매」라는 책으로 발간하게 되었습니다. 오랫동안 기도하며 묵상하던 말씀들이 활자화되어 우리도 읽고 함께 은혜받게 되었으니 참으로 감사한 일입니다.

이 책을 읽음으로써 '나는 지금 하나님의 뜻대로 살고 있는지' 자신을 진단해 볼 수 있는 좋은 거울이 될 것입니다. 또한 이 책은 가정에서 부모가 자녀에게, 교회에서 교사가 학생에게, 사회에서 어른이 젊은이에게 하나님께 복받는 길을 가르칠 수 있는 좋은 안내자가 될 수 있을 것입니다.

인생의 좁은 길을 하나님께 순종하면서 한 발자국씩 내디딜 때, 그 길은 점점 더 밝게 빛날 것입니다.

명성교회
김삼환 목사

지은이의 한마디

창밖에 비가 내리고 있다.
봄비를 맞고 목련꽃 봉우리가 어제보다 볼록해진 것 같다.
긴 겨울잠을 깨고 이제 며칠만 지나면 순백의 꽃망울을 터트릴 것이다.

자연은 참 순종을 잘한다.
계절의 변화에 따라 어쩌면 그렇게 순종을 잘하는지 모르겠다.
따스한 바람이 불어오면 어김없이 꽃망울을 터트린다.
기분 좋은 해엔 꽃을 피우고, 기분 나쁜 해에는 그냥 지나치는 것이 아니다.
평화의 시절에도 꽃을 피우고, 데모로 온통 체류탄 범벅이 된 해에도 어김없이 피었다. 저 앞에 큰 목련은 아마도 6. 25 때에도 꽃을 피웠으리라….

사람은 자연에 비해 순종을 잘 안한다.
모를 땐 몰라서 안하고 알면 안다고 안한다.
낮을 땐 자존심이 상해서 안하고, 높아지면 체면 깎인다고 안한다.
가난할 땐 초라해 보일까봐 안하고, 부해지면 내 힘으로 못할 것 없다고 안 한다.

순종처럼 귀한 것은 없다.
하나님께서 우리에게 요구하시는 첫 번째 항목이 순종이라고 생각한다.

하나님께 순종해서 안 될 일이 없고, 거역하면서 잘되는 일도 없다.

성경의 인물을 통틀어서 복받은 사람과 저주받은 사람, 성공한 사람과 실패한 사람, 귀하게 쓰임받은 사람과 버림받은 사람, 천국에 올라간 사람과 지옥으로 내려간 사람.

이 모두를 가려내는 기준이 바로 순종이다. 순종이냐 거역이냐의 갈림길에서 인생은 결정된다.

수천 마리의 양을 잡아 드리는 제사보다 말씀에 순종하는 것을 하나님께서는 더 원하신다.

성경 말씀을 통해 하나님께서 우리에게 명하신 것들을 살펴 보니 "하라" 하신 것과 "하지 말라" 하신 것으로 나누어져 있음을 보게 되었다.

그러므로 "하라" 하신 것을 그대로 하는 것이 순종이요, "하지 말라" 하신 것을 안하는 것이 순종이라 생각한다.

이 책에 있는 말씀들은 "하지 말라" 명하신 하나님의 말씀들로 엮어져 있다. 이 책을 통해 하고 싶어도 참고, 궁금해도 안하고, 호기심이 생겨도 과감히 물리칠 수 있는 도움이 되길 원한다.

너희는 마음에 근심하지 말라

근심 없이 살 수 있다면 얼마나 좋을까요? 그러나 근심 없는 사람을
찾아보기란 여간 어렵지 않습니다. 이런 근심 저런 걱정, 한 가지를 해결했나
싶으면 또 다른 걱정거리가 "나 여기 있소" 하고 문을 열고 들어섭니다.
하늘에는 별이 있고 바닷가엔 모래가 있듯이 죄로 인해 오염된 이 땅에는
근심 걱정이 떠나지 않습니다. 먼지를 털고 돌아서면 또 먼지가 쌓이고,
닦고 또 닦아도 유리는 얼룩이 묻습니다.
사람의 힘으로는 마귀가 자꾸 뿌려대는 걱정 근심의 얼룩을 지울 수가
없습니다.

그러나 길이 있습니다. 예수 그리스도 안에 길이 있습니다.
내가 곧 길이요 진리요 생명이라고 말씀하셨습니다. 그렇습니다.
예수 그리스도는 우리의 근심을 짊어지시고 골고다에서 풀어 주셨습니다.
예수 앞에 걱정의 짐, 근심의 보따리를 내려놓을 때 형언할 수 없는 평안과
안식이 있습니다.
"수고하고 무거운 짐진 자들아 다 내게로 오라 내가 너희를 쉬게 하리라."

너희는 마음에 근심하지 말라. 하나님을 믿으니 또 나를 믿으라(요 14:1)

▪ 화(禍) ▪ 가 ▪ 되 ▪ 는 ▪ 일 ▪

사람을 외모로 보지 말라

사람이 가장 범하기 쉬운 오류가 겉모습만 보고 판단해 버리는 것이라고
생각합니다. 가장 쉬운 방법이어서일까요? 귀찮아서 그럴까요?

밤송이는 가시가 온 몸을 뒤덮고 있습니다. 누가 맨 처음으로 밤을 까서
먹었을까 궁금합니다. 우리들이야 배워서 알고 있기 때문에 밤송이 안에
고소한 알밤이 있다고 알고 있지만 맨 처음 먹은 사람은 그 속에 그런
고소한 알밤이 있으리라고 상상인들 했을까요?
손발이 가시에 찔리고 피가 나는 과정을 거쳐서야 참 맛을 발견했으리라
생각해 봅니다.
키위도 겉모습은 별것 아니지만 깎아서 잘라 놓으면 아름답기
그지없습니다. 그래서 생크림케익의 장식으로도 많이 쓰입니다.
하나님께서는 눈으로 보기에 아름답지 못한 깊은 곳에 좋은 것들을 많이
숨겨 두셨습니다.
이제부터는 외모는 한 번만 보고, 그 속에 담긴 보배를 열 번 보는 눈을
가집시다.

너는 굽게 판단하지 말며 사람을 외모로 보지 말며(신 16:19)

마땅히 생각할 그 이상의 생각을 품지 말라

모든 문제의 발단은 대부분 똑같습니다. 마땅히 생각할 그 이상을 욕심 내고 브레이크를 밟지 못해 일어납니다.

과속이 문제요, 과음이 문제요, 과식이 문제요, 과욕이 문제입니다.

적당한 곳에서 멈춰 서서 이곳까지 이르게 하신 하나님께 감사하면 더 높이 올라갈 수 있는데 무리한 생각이 문제를 가져옵니다.

아기 개구리가 황소를 보고 혼비백산해서 엄마 개구리에게 뛰어 왔습니다. "엄마! 무지무지 큰 짐승을 보았어요!" "그래 이 엄마만큼 크더냐?" "무슨 말씀이세요 엄마보다 훨씬 커요." 그래서 엄마 개구리는 배에 바람을 잔뜩 넣으며 "이 만큼 크더냐? 이 보다 더 크더냐?" 하다가 배가 터져 버렸다는 웃지 못할 이야기가 있습니다.

자기 분수를 지킬 줄 아는 사람, 자기 형편에 맞추어 살 수 있는 사람, 겸손히 자기 자신을 조절하며 사는 사람, 큰 사람이요, 존경할 삶이라고 생각합니다.

내게 주신 은혜로 말미암아 너희 중 각 사람에게 말하노니 마땅히
생각할 그 이상의 생각을 품지 말고 오직 하나님께서 각 사람에게
나눠주신 믿음의 분량대로 지혜롭게 생각하라(롬 12:3)

▪화(禍)▪가▪되▪는▪일▪

너희는 인생을 의지하지 말라

사람은 일평생 무언가를 의지하며 삽니다. 어릴 때는 부모를 의지합니다.
아기는 부모만 곁에 있으면 걱정이 없습니다. 그러나 조금 자라면
슈퍼맨처럼 못할 것이 없다고 믿었던 부모가 점점 작게 느껴집니다. 부모가
못하시는 것도 있다고 생각하다가 나중에는 부모가 할 수 있는 것이 별로
없다고 생각합니다. 그 때부터 친구를 의지하기도 하고, 출세를 의지하기도
하고 돈을, 권력을, 지식을, 자기 자신을 의지하며 몸부림을 쳐보지만
갈등과 공허만이 빈 마음을 쓸어 내릴 뿐입니다.
이 세상의 그 어느 것도 우리의 마음을 만족시킬 수 없습니다.

오직 예수 그리스도를 의지해야 합니다. 예수 안에는 온갖 보화가
감추어져 있습니다.
외로우신가요? 길이 막히셨나요? 답답하신가요? 마음이 공허하신가요?
예수를 의지하세요. 말할 수 없는 기쁨이 솟아날 것입니다.
오직 예수입니다.

너희는 인생을 의지하지 말라 그의 호흡은 코에 있나니 수에 칠 가
치가 어디 있느뇨(사 2:22)

하나님의 은혜를 헛되이 받지 말라

은혜는 거저 주시는 선물입니다. 그러나 거저 주는 것이라고 값싼 것이 아닙니다. 사람은 대체로 별것 아닌 것은 거저 줍니다. 시장이 끝날 때쯤 되면 값싸게 주기도 하고 때로는 거저 주기도 합니다. 오늘 못 팔면 상하기 때문에 인심이나 쓰자는 의도도 묻어 있습니다. 그러나 하나님의 은혜는 그렇지 않습니다. 어떤 대가를 요구하지 않고 거저 주시는 이유는 사람이 세상에 있는 모든 것을 다 동원한다 해도 하나님의 은혜를 살 수 없기 때문에 거저 주시는 것입니다. 너무나 귀해서 사람의 힘으로는 도저히 감당할 수 없기에 거저 주시는 것입니다. 그 누가 하나님의 아들이 흘린 피보다 값진 것을 드릴 수 있습니까? 어느 아이가 엄마의 일을 거들어 드렸습니다. 청소도 하고 설거지도 했습니다. 아주 큰 일을 했다고 어깨에 힘이 들어갔습니다. 그래서 엄마께 청구서를 냈습니다. 오늘 청소비, 설거지비 3,000원을 주세요. 엄마는 3,000원을 말없이 주시고는 아이의 책상에 메모를 남겼습니다. 나는 너를 낳았다. 지금껏 너를 먹이고, 입히고, 학교 보내고, 네가 아플 때는 새벽 2시라도 업고 병원으로 뛰었다. 네 마음에 걱정이 있을까봐 가슴 조이고 너의 장래를 위해 모든 것을 희생한다. 그러나 나는 네게 대가를 요구하지 않는단다.

우리가 하나님과 함께 일하는 자로서 너희를 권하노니 하나님의 은
혜를 헛되이 받지 말라(고후 6:1)

▪화(禍)▪가▪되▪는▪일▪

지혜로운 자는 그 지혜를 자랑치 말라

사람의 지혜는 지극히 작은 한 부분입니다. 그 작은 것 하나 가지고 하나님 앞에서 자랑하면 안됩니다. 어느 박사께서 이런 말을 했습니다 "박사란 내가 알고 있는 지식이 지극히 작은 것 중의 한 부분에 지나지 않는다는 것을 깨닫는 것이다" 라고 했습니다.

그렇습니다. 사람은 하나님께서 만드신 지극히 작은 세포 하나를 놓고 누구는 이렇다 하고, 누구는 저렇다 하며 그 작은 것 하나 가지고 박사학위를 받고 큰소리를 칩니다.

누군가 이런 말을 했습니다. "석사는 돌에 맞아 죽고, 박사는 박살나 죽는다."

자신의 지식을 자랑하고, 창조주 하나님을 무시하는 바보표 박사들을 두고 한 말씀이라고 생각합니다. 하나님 안에 있는 지혜와 지식은 사람을 유익하게 하고 자기도 복을 얻습니다.

그러나 하나님 없는 지혜와 지식은 짧은 기간 동안 사람의 인정을 받을지 모르나 자신은 하나님으로부터 버림을 받는 것입니다.

참 지혜는 하나님을 아는 것입니다. 하나님을 아는 것으로 자랑하세요

여호와께서 이같이 말씀하시되 지혜로운 자는 그 지혜를 자랑치 말라(렘 9:23)

그리스도가 여기 있다 저기 있다 하여도 믿지 말라

마지막 때가 가까우면 거짓 선지자들이 많이 나타나고 적그리스도도
등장하여 사람을 미혹한다 하였습니다. 몇 해 전에 길거리에서 예수님을
보았습니다. 예수님만 아니라 베드로, 안드레, 야고보, 요한... 12제자도 같이
뵈었습니다. 12인승 봉고차에 이름도 이상한 교회 이름을 붙이고 머리가
길고 수염을 기른 예수님이 앞자리에 타시면 12제자도 따라 타고는
전도한다고 돌아다니는 모습이었습니다. 모습들이 우스꽝스럽기도 하고
안타깝기도 했습니다. 이상한 것은 12제자 중에 여자도 있는 것입니다.
성경을 아무리 봐도 여자 사도는 없는데 이 봉고차 예수님은 여자 사도도
거느리고 있었습니다. 또 하나 이상하고 이해가 안 되는 부분은 이런 봉고차
예수님을 믿고 따르는 지식인도 많다는 것입니다.

우리는 성경을 상고해야 합니다. 성경 외의 그 어느 것에도 미혹되어서는
안됩니다. 성경에는 우리가 구원받을 모든 것이 하나도 빠짐없이 들어
있습니다. 그러나 사람들은 뭔가 번쩍하는 기이한 체험에 이끌려 성경을
떠나 미혹되는 것입니다.

성경으로 돌아갑시다. 하나님의 말씀 외에는 그 어느 것에도 귀 기울이지
마십시다.

그 때에 사람이 너희에게 말하되 보라 그리스도가 여기 있다. 혹 저
기 있다 하여도 믿지 말라(마 24:23)

▪화(禍)▪가▪되▪는▪일▪

여호와의 말씀을 거역한 열조를 본받지 말라

사람이 가장 하기 쉬운 일이 모방입니다. 창작하기는 어려워도 모방하기는 쉽습니다. 먼저 하기는 어려워도 따라 하기는 쉽습니다.

자식은 부모를 본받습니다. 제자는 스승을 본받습니다. 후배는 선배를 본받습니다. 그래서 좋은 것도 본받게 되고 나쁜 것도 본받게 됩니다. 가끔 집사람이 아이를 나무랍니다. "어째 넌 아빠를 쏙 빼 닮았냐? 양말 좀 똑바로 벗어 놓을 수 없냐?"

이스라엘은 열조를 본받았습니다. 좋은 것은 본받지 못하고 악한 것만 본받았습니다. 조금만 태평하면 하나님을 떠나 우상을 섬기고 걸핏하면 원망했습니다. 선지자들이 그렇게 외쳐도 귀를 막고 돌이키지 않았습니다.

우리는 누구를 본받아야 할까요?
열조를 본받지 말고 예수 그리스도를 본받아야 하겠습니다.

너희 열조를 본받지 말라. 옛적 선지자들이 그들에게 외쳐 가로되
만군의 여호와께서 말씀하시기를 너희가 악한 길, 악한 행실을 떠나
서 돌아오라 하셨다 하나 그들이 듣지 않고 내게 귀를 기울이지 아
니하였느니라 나 여호와의 말이니라(슥 1:4)

외식하는 자처럼 기도하지 말라

요즘은 과대포장이 많습니다. 포장이 하도 그럴듯해서 사서 열어보면
알맹이는 실속 없는 것들이 많습니다. 어떤 것은 포장이 주인인지 알맹이가
주인인지 알지 못할 정도로 과장된 제품도 있습니다. 물건만 그런 것이
아니라 사람도 그렇습니다. 화장을 얼마나 진하게 했던지 과연 저분의 참
모습은 어떨까? 하고 생각해 볼 때가 있습니다.

성도의 무기 중 최고의 무기는 역시 기도일 것입니다.
그러나 포장된 기도는 듣지 않는다고 말씀하십니다. 사람에게 보이기 위해,
사람에게 인정받기 위해, 또는 스스로의 위안이나 만족을 얻기 위해
외식적으로 하는 기도는 아무런 능력이 없다고 말씀하십니다.
그런 기도는 기도하는 자신이 상을 이미 받아버린 허공을 치는 기도인
것입니다.
나의 죄성을 그대로 꺼내 놓고 은밀한 중에 보시는 아버지께 드리는 알맹이
기도, 이런 기도를 아버지께서 받으신다고 하셨습니다.

또 너희가 기도할 때에 외식하는 자와 같이 되지 말라 저희는 사람에게
보이려고 회당과 큰 거리 어귀에 서서 기도하기를 좋아하느니라 내가
진실로 너희에게 이르노니 저희는 상을 이미 받았느니라(마 6:5)

■화(禍)■가■되■는■일■

열방의 길을 배우지 말라

이스라엘은 열방들 곁에서 살아왔습니다. 그러니 자연히 열방의 문화도 보게 되고 그들의 종교도 접하게 되었습니다.

사람은 내가 해 보지 않은 다른 것에 호기심이 있습니다. 특히 좋지 않은 것일수록 해 보고 싶은 욕구가 많은 법입니다. 그래서 이스라엘은 열방의 길을 따라 그들이 섬기는 신에 관심을 갖고 그것을 받아들이고 섬기는 어리석음을 많이 저질렀습니다.

하나님께서는 이것에 대해 강하게 경고하십니다.

열방의 길을 배워 따라가지 말라는 것입니다. 왜냐하면 그들이 섬기는 신은 사람이 도끼나 손으로 다듬어 만든 것으로 생각도 못하고, 말도 못하고, 걸어다니지도 못하는 화도 내리지 못하고 복도 내리지 못하는 조각물에 지나지 않는다는 것입니다.

지금 인류는 열방의 길을 따라 헤매고 있습니다.

돈의 열방, 권력의 열방, 향락의 열방, 하나님보다 세상의 것들을 더 사랑하는 열방의 길을 달려가는 사람들이 많습니다.

이제 열방의 길을 버리고 예수 그리스도께서 열어 놓으신 생명의 길을 달려가십시다.

여호와께서 이같이 말씀하시되 열방의 길을 배우지 말라(렘 10:2)

내 아버지의 집으로 장사하는 집을 만들지 말라

세상에는 집이 많습니다. 건축의 발달로 눈부시도록 아름답게 지어진
집들이 많습니다. 포근한 느낌의 통나무집, 중후한 느낌의 대리석집,
현대적인 느낌의 유리로 만든 집 등 저마다 최고의 아름다움을 자랑하고
있습니다.

그러나 가장 아름답고 귀한 집이 있습니다. 바로 하나님 아버지의 집입니다.
거룩한 성전입니다.

교회는 외형적인 장식으로 아름다움을 말하지 않습니다. 내부의 꾸밈으로
평가하지 않습니다. 깊은 산골 비가 새는 교회이든 창문도 하나 없는 천막
교회이든 아버지의 집은 세상에서 가장 귀하고 아름다운 집입니다.

왜냐하면 하나님께서 거기 계시기 때문입니다.

교회는 거룩하기 때문에 사람이 자신의 유익을 목적으로 사용하지 말라고
하셨습니다.

혹시 내 유익을 위해 성전을 이용하지는 않을까? 사람과의 사귐이 예수
그리스도와의 사귐보다 앞서지 않을까?

한번 점검할 필요가 있다고 생각합니다.

> 비둘기 파는 사람들에게 이르시되 이것을 여기서 가져가라
> 내 아버지 집으로 장사하는 집을 만들지 말라(요 2:16)

두려워 말라

때때로 우리는 두려움 앞에 직면하게 됩니다. 많은 사람 앞에 설 때의
두려움, 처음 시작하는 일 앞에서의 두려움, 입시 앞에서의 두려움,
내 인생의 키를 어디로 돌려야 할지 앞이 잘 보이지 않을 때의 두려움,
질병 앞에서의 두려움, 사고와 재난 앞에서의 두려움 등 막다른 골목에서
으르렁거리는 커다란 개를 만난 듯 두려움과 정면으로 마주 설 때가
있습니다. 그러나 하나님께서는 두려워하지 말라고 격려하십니다.
나를 도와주신다고 합니다. 능력 있고 의로운 오른손으로 붙들어 주신다고
약속하고 계십니다.

어릴 적 시골집에는 화장실이 멀리 떨어져 있었습니다. 시골에서는
화장실을 호간이라고 불렀습니다. 깊은 밤, 별도 잠든 깊은 밤에 호간에 갈
급한 일이 생기면 보통문제가 아니었습니다. 귀신이 잡아당기는 것 같고,
나무나 장독대도 모두 짐승으로 보였습니다. 그래서 언제나 주무시는
어머니를 깨워서 보초를 세웠습니다.

"어무이 안갔제? 망 잘봐!" 몇 번이고 확인해야 바지를 올렸습니다.
어머니만 계셔도 두려움이 사라지는데 하나님 아버지가 지키시면 세상에
두려울 것이 어디 있겠습니까?

> 두려워 말라 내가 너와 함께 함이니라 놀라지 말라 나는 네 하나님
> 이 됨이라 내가 너를 굳세게 하리라 참으로 너를 도와주리라 참으로
> 나의 의로운 오른손으로 너를 붙들리라(사 41:10)

목숨을 위하여 무엇을 먹을까 무엇을 입을까 염려하지 말라

음식점집 아들이 걱정을 했습니다. "오늘 저녁을 어떻게 해결하지?"
옷집 아들이 걱정을 했습니다. "올 겨울은 무엇을 입고 지내지?"
우산집 아들도 걱정을 했습니다. "이번 장마철엔 무엇을 쓰고 비를
막아내지?"
모두가 부질없는 걱정들입니다. 아버지가 다 알아서 해 주실 문제들을 놓고
염려하고 있으니 말입니다.

그러나 하나님 앞에서 우리도 그런 염려들을 하고 있지 않나 생각해 봅니다.
공중의 새도 먹이시고 들의 백합화도 키우시는데도 우리는 작은 일에도
염려하고, 큰일 앞에서는 어쩔 줄 몰라 합니다.
남들이 하는 일을 보고서는 믿음 없다고 판단하면서도 막상 내가 당하면
그 많던 믿음이 어디론가 꽁무니를 빼버리고 염려의 보따리만 크게 보이니
말입니다.
자! 이제 염려의 보따리는 아버지께 맡겨드리고 믿음으로 사십시다.

> 그러므로 내가 너희에게 이르노니 목숨을 위하여 무엇을 먹을까 무
> 엇을 마실까 몸을 위하여 무엇을 입을까 염려하지 말라(마 6:25)

▪화(禍)▪가▪되▪는▪일▪

용사는 그 용맹을 자랑치 말라

자랑 중에 가장 많은 것이 돈 자랑입니다. 그 다음으로 많은 것이 힘 자랑
일 것입니다. 힘은 좋은 것입니다. 힘이 있으면 어려운 일을 쉽게 해낼 수
있기 때문입니다.
그러나 역사적으로 힘있고 용맹을 떨치던 영웅호걸들이 그 용맹을
자랑하다가 불행하게 된 경우가 많습니다.

골리앗이 그랬습니다. 날마다 이스라엘 앞에 나와 자신의 용맹을 자랑하고
누구든 나와서 나를 이겨 보라고 자신을 자랑했습니다. 그 자랑의 종말은
돌 한방으로 죽음과 바꾸었습니다.
삼손이 그랬습니다. 하나님 앞에 조아려야 할 머리를 들릴라의 무릎으로
내렸다가 비참한 최후를 맞았습니다.
삼국지의 여포가 그랬고 나폴레옹이 그랬습니다.

돈의 힘, 지식의 힘, 권력의 힘, 육체적 건강의 힘을 자랑하지 맙시다.
자랑하는 자는 예수 그리스도로 자랑하라 했습니다.

여호와께서 이같이 말씀하시되 지혜로운 자는 그 지혜를 자랑하지
말라 용사는 그 용맹을 자랑치 말라(렘 9:23)

썩는 양식을 위하여 일하지 말라

우리는 일하며 삽니다. 나라를 위해 일하기도 하고 가정을 위해 일하기도
하고 나 자신을 위해 일하기도 합니다.

일은 귀합니다. 일은 발전을 가져옵니다. 일은 건강을 가져옵니다.

그래서 성경은 열심히 일하라고 가르치고 있습니다.

그러나 일 중에서도 해야 할 일이 있고, 하지 말아야 할 일이 있습니다.

예수님께서는 썩는 양식을 위하여 일하지 말라고 하셨습니다.

그것은 농사를 짓지 말라는 말씀은 아닙니다. 과일이나 채소를 가꾸지
말라는 말씀도 아닙니다.

물고기 두 마리와 보리떡 다섯 개로 배를 채운 군중들은 예수님이 가시는
곳마다 따라 다녔습니다. 억지로 왕을 세우려고도 했습니다.

말씀에는 관심이 없었습니다. 영생에도 관심이 없었습니다. 하나님의
아들로부터 오는 구원에도 관심이 없었습니다. 그들의 관심은 배불리 먹는
문제와 로마의 압제에서 벗어나는 인간적인 문제, 세속적인 문제, 곧 썩는
양식을 얻기 위한 자기 중심적 자세였습니다.

그러면 하나님의 일은 무엇일까요? 예수님께서는 이렇게 말씀하십니다.

"하나님의 보내신 자를 믿는 것이 하나님의 일이니라."

썩는 양식을 위해 일하지 말고 영생하도록 있는 양식을 위하여 하
래(요 6:27)

▪화(禍)▪가▪되▪는▪일▪

좌우로 치우치지 말라

뚜렷한 목적지가 없는 사람은 좌우로 치우칩니다. 술 취한 사람은 좌우로 치우칩니다. 결단이 없는 사람은 좌우로 치우칩니다.

퇴근길, 행복한 가정이 없는 사람은 좌우로 치우칩니다.

오늘은 어디를 들러 1차 2차를 할까? 목포집으로 갈까? 부산 아지매집으로 갈까?

인생의 목표가 분명치 않은 학생은 좌우로 치우칩니다.

노래방으로 갈까? 비디오방으로 갈까? 아니면 뽕뽕뽕 오락실로 갈까?

마라톤 선수는 치우치지 않습니다. 정해진 길로 달려갑니다. 지름길이 있어도 질러가지 않습니다. 빈 택시가 있어도 손들지 않습니다. 영광스런 면류관을 바라보기 때문입니다.

하나님께서는 마라톤 코스처럼 우리가 달려갈 코스를 정해주셨습니다. 곧 말씀입니다. 말씀대로 좌우로 치우치지 않고 달려가는 자만이 승리의 면류관을 받을 수 있습니다.

오직 너는 마음을 강하게 하고 극히 담대히 하여 나의 종 모세가
네게 명한 율법을 다 지켜 행하고 좌로나 우로나 치우치지 말라 그
리하면 어디로 가든지 형통하리라(수 1:7)

기도할 때에 중언부언하지 말라

아들은 아버지께 단순하게 요구합니다. "아버지 책값 주세요" 아들은
아버지께 장황한 설명이나 논리적이고 설득력 있는 문체를 사용해서
설득하려 하지 않습니다. 그저 있는 그대로 필요한 것을 가식 없이
요구합니다. 왜냐하면 아버지께서 알고 계시기 때문입니다.

지금 아버지는 천국에 계십니다. 아버지께서 살아 계셨을 때 참 많이
졸라댔습니다. "썰매 만들어 주세요 팽이 만들어 주세요. 방패연 만들어
주세요 강아지 사주세요.." 언제나 졸라댔던 기억이 생생합니다.

만약 제가 이렇게 졸라댔다면 어떻게 생각하셨을까요?

"아버지 겨울이 왔습니다. 겨울이 오면 찬바람이 불고 얼음이 업니다.
얼음이 얼면 어떻게 될까요? 동네 아이들이 썰매를 타고 신나게 놉니다.
그런데 썰매가 없다면 어떻게 되겠습니까? 썰매 없는 얼음판은 팥없는
찐빵이요 속없는 만두 같지 않겠습니까?"

만약 제가 이랬다면 병원도 약국도 없는 산골에서 아버지께서 저를 업고
30리 산길을 뛰시느라 얼마나 고생하셨을까요?

또 기도할 때에 이방인과 같이 중언부언하지 말라 저희는 말을
많이 하여야 들으실 줄 생각하느니라(마 6:7)

타국인을 학대하지 말라

인종이 참으로 다양합니다. 올림픽 경기가 흥미 있는 것은 경기 자체도 세계 수준이지만 인종의 다양함에도 있습니다. 피부색도 다양하고 생김새도 다양합니다. 지금은 매스컴의 발전과 교통의 발달로 세계가 한가족이 되었지만 예전에 라디오도 TV도 없던 시대에 외국사람은 신기하기 그지없습니다. 어릴 적 시골에는 닷새만에 장이 섰습니다. 아버지를 따라 돼지 새끼를 한 마리 등에 지고 시장에 갔습니다. 시장 한 곳에는 사람들이 구름처럼 모여 있었습니다. 약장사가 왔는지, 서커스단이 왔는지 궁금하여 인파를 비집고 들어가 보았습니다. 아뿔사! 거기엔 생전 처음 보는 신기한 동물이 있었습니다. 생기기는 사람 같은데 머리는 노랗고 눈은 얼굴 속으로 파고 들어갔고 코는 얼굴보다 커 보였습니다. 동물이라 해서 미안하지만 처음 보는 제 눈에는 외국인이 그렇게 보였던 것이 사실입니다.

타국인은 외롭습니다. 모든 것이 생소합니다. 두려움이 많습니다. 모든 면에 적응도 잘못합니다. 이런 분들을 학대하지 말라고 하십니다. 학대하지 말고 도와주라고 하십니다. 나 역시 나가면 타국인이 됩니다. 내가 낳은 아들처럼 여기며 사랑하고 도우라고 하십니다. 그래야 나도 그런 사랑과 위로를 얻게 된다는 것입니다.

타국인이 너희 땅에 우거하여 함께 있거든 너희는 그를 학대하지
말고(레 19:33)

높은데 마음을 두지 말라

모든 불행의 원인이 너무 높은 데 마음을 둠에 있습니다. 만족하지 못하는
원인이 높은 데 마음을 둠에 있습니다. 미워하고 시기하고 하나가 되지
못함도 마음이 높아서 그렇습니다. 개인은 물론이고 가정이나 그 어떤
모임에서도 마음을 서로 높이면 관계는 깨어지고 맙니다. 마음은 수소를
넣은 풍선처럼 자꾸만 떠오르려고 하는 성질이 있습니다. 아예 바람을
빼버리던지 무거운 것을 묶어 주지 않으면 하늘 높이 솟아오르다 결국 터져
버리고 맙니다. 어릴 때 나무를 잘 탔습니다. 다람쥐 다음으로 잘
올랐습니다. 매미를 잡으러 느티나무를 오르내리고 가을이면 감을 따려고
나무를 올랐습니다. 따뜻한 가을 날 오후 감나무 꼭대기에 홍시가 하나
달려있었습니다. 이것을 발견한 이상 그냥 둘 수는 없는 일이었지요 팔을
걷어붙이고 감나무에 올랐습니다. 그러나 막상 올라보니 그 홍시는 아주
높은 곳에 달려있었습니다. 몸이 가볍다는 것만 믿고 가느다란 가지임에도
올라갔습니다. 너무 높은 데 마음을 두었습니다. "우지끈 뚝딱"하는 소리와
함께 가지가 부러졌습니다. 하나님의 은혜로 겨우 다른 가지를 잡고
살아났습니다. 하마터면 아주 올라갈 뻔했습니다. 마음을 내리세요 "이렇게
좋은 것이 여기 다 모여 있었네!" 라고 할 것입니다.

서로 마음을 같이하며 높은데 마음을 두지 말고 도리어 낮은데 처
하며 스스로 지혜 있는 체 말라(롬 12:16)

▪ 화(禍) ▪ 가 ▪ 되 ▪ 는 ▪ 일 ▪

교만하지 말라

한두 번 강조하면 더 이상 강조 안해도 될 일이 있습니다. 한번 잘하기 시작하면 특별한 일이 없는 한 계속 잘하게 되는 일도 있습니다. 그러나 열 번 반복하고 백 번을 강조해도 지나침이 없는 중요한 일이 있습니다. 바로 "교만하지 말라"는 말입니다. 하나님은 싫어하시는 것보다 좋아하시는 것이 많으십니다. 웬만하면 용서해 주시고, 이해해 주시고, 참아 주시고, 기다려 주시지만 교만은 그렇게 너그럽게 봐주시지 않습니다. 하나님께서는 교만한 사람은 반드시 멸하셨습니다. 교만을 누르기란 여간 어렵지 않습니다.

교만은 조금만 방치해도 머리를 들고 솟아오릅니다. 작은 일 하나만 해도 머리를 들고, 별것 아닌 일로 인정을 받아도 머리를 듭니다. 여름 휴가 때 바다에 갔습니다. 비치볼을 타고 놀다가 바닷물 속으로 비치볼을 집어넣어 보았습니다. 그러나 아무리 눌러도 잠기지를 않았습니다. 힘이 한쪽으로 약간만 치우치면 반대방향으로 불쑥 튀어 올랐습니다. 절반쯤이나 삼분의 이는 잠기게 할 수 있어도 완전히 바닷물 속으로 잠기게 할 수는 없었습니다. 교만도 이렇다고 생각합니다. 교만의 머리가 겸손의 바다에 완전히 머리를 숙이게 하기는 이처럼 어렵다고 생각합니다.

끊임없는 기도와 주를 의지하는 믿음이 교만을 누르는 힘이 될 것입니다.

너희는 들을지어다, 귀를 기울일지어다, 교만하지 말지어다
여호와께서 이같이 말씀하시느니라(렘 13:15)

정욕을 위하여 육신의 일을 도모하지 말라

세상 욕심은 끌어당기는 힘이 강합니다. 머뭇머뭇거리면 끌려가게 됩니다.
자석 옆에는 쇠붙이가 가지 말아야지 일단 가까이만 가면 찰싹 달라붙어
버립니다. 일단 달라붙기만 하면 자기 힘으로는 빠져 나올 수 없습니다.
자석보다 강한 누군가의 도움이 없으면 빠져 나오지 못합니다.

세상 욕심은 사람을 빠지게 만듭니다. 자신의 의지로 조절할 수 있는 능력을
잃게 만들어 버립니다. 나중에는 빠져 있다는 의식조차 할 수 없도록
만듭니다. 그리하여 서서히 생명을 잃습니다.

오늘도 신문을 가득 채우고 있는 사건들을 읽어봅니다. 도박에 빠지고, 춤에
빠지고, 술에 빠지고, 쾌락에 빠져서 귀중한 생명을 잃은 분들의 애처로운
모습들이 실려 있습니다. 그분들이 처음부터 그런 것은 아닐 것입니다. 세상
정욕을 뿌리치지 못하고 곁에서 서성이다 결국은 붙잡혀 버린 분들입니다.
정욕은 뿌리쳐야 합니다. 단호하게 잘라 버려야 합니다. 미련을 두어서도
안됩니다. 주위를 둘러보십시오 혹시 내가 뿌리치지 못하고 서성거리고
있는 세상 정욕은 없는지요?
롯이 소돔을 떠나듯 정욕을 떠나야 삽니다.

오직 예수 그리스도로 옷 입고 정욕을 위하여 육신의 일을 도모하
지 말라(롬 13:14)

▪화(禍)▪가▪되▪는▪일▪

놀라지 말라

놀랄 일이 얼마나 많습니까? 세상이 넓어서 그런지, 사람이 많아서 그런지 놀라게 하는 일이 하루도 빠지지 않을 정도로 많습니다. 가지가지 사고와 재난이 놀라게 하고, 피도 눈물도 없는 사람들의 잔인함이 우리의 가슴을 놀라게 합니다. 비행기가 추락하여 수백 명이 순식간에 목숨을 잃는 참사가 이어지고 있습니다. 가족들의 통곡을 지켜보면서 놀란 가슴을 쓸어 내립니다. 보험금을 타기 위해 남편을 숨지게 하고는 토막내어 버린 비정한 아내의 모습을 보면서 놀란 가슴을 다독거려 봅니다.

세계 곳곳이 이상 기후로 몸살을 앓고 있습니다. 엄청난 해일이 하나의 도시를 쓸어가 버리기도 합니다. 무서운 강풍이 집을 날려보내고 대형트럭을 넘어뜨리고 송신탑을 성냥개비 날려보내듯 쓸어버리는 모습을 보았습니다. 엄청난 재난 앞에 어찌할 수 없는 인간의 나약함을 바라보면서 놀란 가슴을 조여봅니다.

그러나 여기 평화가 있습니다. 안식이 있습니다. 피난처가 있습니다. 두려워 말라는 음성이 있습니다. 놀라지 말라는 부드러운 음성이 있습니다.

오늘도 천지 만물의 주인이신 하나님께서 나를 붙드십니다. 여호와 샬롬!

두려워 말라 내가 너와 함께 함이니라 놀라지 말라 나는 네 하나님
이 됨이라 내가 너를 굳세게 하리라 참으로 너를 도와주리라 참으로
나의 의로운 오른손으로 너를 붙들리라(사 41:10)

도무지 맹세하지 말라

사람은 맹세해서는 안됩니다. 내일 일도 알지 못하는 존재가 맹세하는 일은
어리석은 일입니다. 앞날을 예측할 수 있다면 맹세할 수 있겠지요 앞날을
내 마음대로 조정할 수 있다면야 맹세해도 뭐라고 말할 사람이 없을
것입니다. 어릴 때 소꿉놀이를 많이 했습니다. 아이들끼리 모여서 병 뚜껑에
흙을 담아 밥이라고 하고, 가지가지 풀을 뜯어다가 돌 위에 얹어 놓고
반찬이라고 하면서 먹는 시늉을 했습니다. 아버지도 뽑아서 세우고, 엄마도
세우고 아들딸도 세우고는 어른들의 흉내를 내며 놀았습니다.

맹세도 많이 했습니다. 새끼손가락을 걸며 맹세했습니다. 영원히 변치
말자고 맹세도 하고, 다른 친구와는 놀지 말고 죽을 때까지 우리끼리 서로
식구놀이하고 놀자고 찰떡같이 약속도 했습니다. 그러나 다음날 보면
어제의 식구들은 이리저리 흩어져 이산가족이 되고 어제의 할아버지는
오늘 새집의 아들이 되어 있고, 어제의 엄마는 오늘 새집의 할머니가 되어
있는 모습을 보아왔습니다. 어른들이 보고 지나가면서 웃으셨습니다.

우리는 진지하고 엄숙하게 가정을 꾸미고 있는데도 말입니다.

오늘 이 땅에서의 우리의 소꿉장난 같은 삶을 하나님께서 보시면 우스우실
것입니다.

나는 너희에게 이르노니 도무지 맹세하지 말지니 하늘로도 말라 이
는 하나님의 보좌임이요(마 5:34)

▪화(禍)▪가▪되▪는▪일▪

이방의 신을 탐구하지 말라

쓸데없는 일에 시간을 버리는 사람이 있습니다. 생산적이지 않은 일을 붙잡고 아까운 세월을 보내버리는 사람이 있습니다.

시골에 함정을 잘 파는 친구가 있었습니다. 토끼나 노루를 잡으려고 파는 함정이라면 모르겠는데 이 친구가 파는 함정은 친구들을 골탕먹이려고 파는 함정이었습니다. 사람이 다니는 길목의 흙을 파냅니다 그리고는 그 안에 물을 퍼 넣고 오물도 갖다 놓고는 나뭇가지로 덮습니다. 그 위에는 오동나무 잎이나 떡갈나무 같이 넓은 잎으로 덮고는 흙을 뿌려서 감쪽같이 위장을 해놓습니다. 이것을 모르고 지나가던 친구들이 빠져서 발을 삐기도 하고 때로는 어른이 빠져서 혼이 나기도 했습니다. 그러나 좀처럼 그 친구의 습관이 고쳐지지 않았습니다. 한 번 당했던 아이들이 조심하니까 더 완벽하게 속이려고 연구를 하고 지혜를 짜내는 것이었습니다.

나쁜 일을 탐구하면 안됩니다. 남을 해롭게 하는 일을 연구해서는 안됩니다. 더군다나 하나님 앞에서의 가장 잘못된 일은 이방신을 탐구하는 일입니다. 어떻게 섬겼는지 연구하고 알아보는 일입니다. 이방신은 이름도 부르지도 말고 멀리해야 합니다. 이방신을 탐구함은 교양도, 지식도 아닙니다. 하나님의 진노만 살 뿐 입니다.

> 너는 스스로 삼가서 네 앞에서 멸망한 그들의 자취를 밟아 올무에 들지 말라 또 그들의 신을 탐구하여 이르기를 이 민족들은 그 신들 을 어떻게 위하였고 나도 그와 같이 하겠다 하지 말라(신 12:30)

금식할 때에 슬픈 기색을 내지 말라

사람은 남의 눈치를 많이 봅니다. 남이 보면 잘하고 안보면 대충합니다. 그러면 안 된다고 알고는 있지만 잘 되지 않습니다.

학창시절에 교실 청소를 자주 했습니다. 책상 위에 의자를 거꾸로 세워서 포개 놓고는 한쪽으로 몰아 붙이고 쓸고 닦았습니다. 그러나 청소를 제대로 하지 않았습니다. 빈 공간에서 장난을 치고 걸레를 집어던지고 뛰어 노느라 정신이 없었습니다. 높은 곳에 올라가 유리창을 닦던 친구가 갑자기 소리를 지릅니다. 선생님이 오신다는 것입니다. 그러면 지금까지 그렇게 장난만 치던 아이들이 얼마나 열심히 청소를 하는지 눈물겨울 정도입니다. 쓸고 닦고 부산을 떱니다. 물론 선생님도 다 아시겠지만 그냥 넘겨주실 때가 많습니다. 특별한 기도를 하게 될 때도 은근히 사람에게 알리고 싶어하는 마음이 우리에겐 있습니다. 그래서 얼굴을 흉하게 하고 슬픈 기색을 일부러 나타내서 신령한 모습을 인위적으로 보이고 싶은 속성이 있습니다.

교만입니다. 자랑입니다. 예수님께서는 그러지 말라고 하십니다.

하늘로부터 내려오는 아무런 상도 없다고 하십니다. 자기 스스로 자기 상을 이미 받았기 때문입니다.

금식할 때에 너희는 외식하는 자들과 같이 슬픈 기색을 내지 말라 저희는 금식하는 것을 사람에게 보이려고 얼굴을 흉하게 하느니라 내가 진실로 너희에게 이르노니 저희는 자기 상을 이미 받았느니라(마 6:16)

▫화(禍)▫가▫되▫는▫일▫

가증한 것을 집안에 들여놓지 말라

옛날 영화를 한 편 보았습니다. 그 영화에는 이상한 물건이 하나 나오는데 이 물건은 신비한 행운을 가져다 준다는 것입니다. 그래서 이 물건만 차지하면 천하를 얻게 됩니다. 그러나 반면에 이 물건은 재앙을 몰고 다녔습니다. 이 물건을 차지한 사람은 행운을 얻기도 전에 끔찍하게 살해당합니다. 또 다른 사람이 이 물건을 차지하지만 그 역시 살해당합니다. 뺏고 빼앗기고, 죽고 죽이는 불행과 저주가 끊이지 않았습니다. 물건을 차지한 사람이 만족하여 음흉한 웃음을 지어보지만 이내 죽음의 그림자가 그의 주변을 조여옵니다. 행복한 웃음은 잠시뿐 작은 행운 하나 누려보지 못한 채 그 역시 차디찬 시체로 버려지고 맙니다.

그 영화를 보면서 생각해 보았습니다. 저렇게 재앙이 따라다니는 물건을 왜 그토록 갖고 싶어할까? 따라오는 것은 처참한 죽음뿐인데도 왜 그토록 달려들까?

우상도 마찬가지입니다. 복을 줄 것 같아 소유해 보지만 저주로 막을 내립니다. 가증한 것은 집에 들이지 말아야 합니다.

마음의 집에도 들이지 말아야 합니다. 오직 주님만이 우리의 소원입니다.

너는 가증한 것을 네 집에 들이지 말라 너도 그와 같이 진멸 당할
것이 될까 하노라 너는 그것을 극히 꺼리며 심히 미워하라 그것은
진멸 당할 것임이니라(신 7:26)

어린아이들이 내게 오는 것을 금하지 말라

크리스마스 저녁 행사가 열렸습니다. 영아부 아이들이 분장을 하고
나왔습니다. 온 몸에 솜을 뒤집어쓰고 얼굴과 손발까지 둥실둥실한 솜으로
치장하여 아기양의 모습으로 나왔습니다. 아장아장 걷는 모습이나 분장이
얼마나 예뻤는지 박수소리가 끊이지 않았습니다. 다른 아이들은 천사의
모습으로 나왔습니다. 눈부시도록 하얀 드레스에 금빛 찬란한 날개를 달고
나왔습니다. 천사를 보지는 못했지만 저만큼 예쁠까 하는 생각을
해보았습니다. 목자의 모습으로도 나오고 요셉과 마리아의 모습으로도
나왔습니다. 그리고는 열심히 예수님이 탄생하신 성경말씀을 암송했습니다.
말이 서툴러서 우습기도 하고 하는 행동이 어색하기도 했지만 어찌나
보기가 좋은지 넋을 잃고 바라보았던 기억이 새롭습니다.
티없이 맑았습니다. 깊은 산골 계곡에서 흘러내리는 시냇물처럼
투명했습니다. 의심도, 미움도, 걱정도, 교만도 없는 하얀 모습들이었습니다.
예수님께서 왜 아이들을 좋아하셨는지 이해가 되었습니다.
우리의 모습이야 어린아이로 돌아갈 수 없겠지만 마음만은 어린아이로
돌아갈 수 있다면 얼마나 좋겠습니까?

예수께서 가라사대 어린아이들을 용납하고 내게 오는 것을 금하지
말라 천국이 이런 자의 것이니라 하시고(마 19:14)

∙화(禍)∙가∙되∙는∙일∙

양털과 베실로 섞어 짠 옷을 입지 말라

순수한 것이 좋습니다. 얼굴도 순수함이 좋고 마음은 더더욱 순수해야 좋습니다. 우정도 순수해야 하고 사랑도 순수해야 합니다. 우정을 이용해 이익을 얻으려 함은 우정이 아닙니다. 부잣집 아이와 친해서 빵을 얻어먹고, 극장도 따라가려고 친구가 되는 것은 우정이 아닙니다. 상대방 집안의 재산이 탐나서 사랑을 한다면 이것도 사랑이 아닙니다. 그 사랑은 오래가지 않습니다. 우정은 우정 외에 아무것도 섞이지 않은 우정 그대로여야 하고, 사랑은 사랑 이외에 그 어떤 것도 섞이지 않은 순수한 사랑 그대로여야 합니다.

오디오를 좋아하는 사람을 매니아라고 합니다. 이들은 순수한 원음을 찾으려고 돈과 시간을 아낌없이 투자합니다. 그들이 추구하는 한 가지는 섞이지 않은 순수한 연주회장에서 들었던 바로 그 음입니다.

하나님께서는 우리가 순수하기를 원하십니다. 세상 것이 섞이지 않은 깨끗함을 원하십니다. 하나님도 사랑하고, 세상도 의지하고, 자아도 신뢰하는 섞여 짜진 옷처럼 혼합된 것을 싫어하십니다.

이제 잡티를 제거하는 작업을 하십시다. 세상 것을 골라내는 용광로를 가동하여 정금같이 되어야 하겠습니다.

양털과 베실로 섞어 짠 것을 입지 말지니라(신 22:11)

분을 내어도 죄를 짓지 말라

화를 낼 수 있습니다. 그러나 홧김에 일을 저질러서는 안됩니다.

살다보면 화나는 일이 얼마나 많습니까? 이럴 때 화를 다스려 가라앉히는

사람이 있고 화를 증폭시켜 죄로 발전시키는 사람이 있습니다.

사람이 무엇 무엇 한 김에 일을 저지르는 경우가 많습니다. 홧김에, 술 한잔

한 김에, 모처럼 만난 김에, 기분이 울적한 김에, 보는 사람 없는 김에, 공돈

생긴 김에 일을 저지르기 쉽습니다. 사람은 ~김에를 잘 다스려야 합니다.

이 때 조심하지 않으면 ~김에가 커다란 죄와 실패로 이어지기 쉽습니다.

"이왕 버린 김에" 일을 계속해서 버리는 사람이 있고, 이왕 버렸으니 더

이상 안 버려야 되겠다고 자신을 추스르는 사람이 있습니다.

가룟 유다는 예수님을 팔고 양심의 가책의 받았습니다. 후회했습니다.

그러나 버린 몸을 추스르지 못하고 목매어 자살했습니다.

베드로는 예수님을 세 번이나 부인하고 저주하며 맹세까지 했습니다.

그러나 곧 자신을 추스르고 회복했습니다.

분을 내게 될 상황이 되더라도 죄로 발전하지 마십시오 곧 분을 추스르고

제자리로 돌아오십시오

분을 내어도 죄를 짓지 말며 해가 지도록 분을 품지 말고 마귀로
틈을 타지 못하게 하라(엡 4:26~27)

용모와 신장을 보고 사람을 판단하지 말라

요즘 신세대들은 스포츠 스타나 연예인들을 보면 좋아서 어쩔 줄 모릅니다. 이것이 꼭 나쁜 것은 아니겠지만 그 도가 지나침에 문제가 있습니다. 자신을 제어할 능력을 잃고, 스타들의 몸 동작 하나, 말 한마디에 이성을 잃어버립니다. 스타들의 매력에 이끌려 좋아하고 사모하는 부분은 그대로 인정하지만 내 삶과 앞날은 또 달리 있기에 나의 길을 올바로 가기에 신경을 써야 할 것입니다. 스타들이 내 길을 인도하지 못하기 때문입니다. 어찌 신세대뿐이겠습니까? 사람은 대부분 외모만 보고 판단하기 쉽습니다. 얼굴이 예쁘고 목소리가 고우면 마음씨도 예쁘고 곱다고 생각하기 쉽습니다. 그래서 속을 확인하지 못하고 겉만 보고 좋아했다가 실패하는 경우가 너무나 많습니다.

속을 잘 보아야 합니다. 특히 겉이 화려할수록 속을 보는데 신경을 써야 합니다. 그리고 겉이 투박하고 볼품이 없을수록 그 속에 숨어 있는 진주를 발견하도록 애써야 합니다.

여호와께서 사무엘에게 이르시되 그 용모와 신장을 보지 말라 내가
이미 그를 버렸노라 나의 보는 것은 사람과 같지 아니하니 사람은
외모를 보거니와 나 여호와는 중심을 보느니라(삼상 16:7)

악한 자를 대적치 말라

세상의 삶의 공식은 대적을 제거하는 것입니다. 자기의 앞길에 장애가 되는 존재는 누구를 막론하고 없애버리는 것입니다.

선한 자나 악한 자를 구별하지 않습니다. 충신이거나 역적이거나를 가리지 않습니다. 친구도, 친척도, 심지어는 가족까지도 자기의 앞날에 걸림돌이 될 때는 제거하는 법칙입니다.

용의 눈물이라는 드라마를 보았습니다. 태종 이방원의 파란만장한 삶이 펼쳐지고 있습니다. 자기가 임금이 되기 위해 수단방법을 가리지 않습니다. 아버지를 내쫓고 형제를 죽입니다. 임금이 된 후에도 자신의 권력을 넘보는 자는 누구를 막론하고 용서하지 않습니다. 처남들도 일단 의심이 되면 냉혹한 심문과 형벌이 가해집니다. 용서해 달라는 중신들의 간곡한 요청을 듣기는 고사하고 백발이 될 때까지 자기를 위해 헌신하고 목숨조차도 아까운 줄 모르고 모든 것을 바친 중신들을 내어쫓습니다.

권력의 비정함을 느꼈습니다.

그리스도인은 달라야 합니다. 대적은 대적을 낳고 복수는 복수를 낳습니다. 그리스도인은 용서를 낳아야 합니다. 관용을 낳아야 합니다. 그래야 악을 선으로 바꿀 수 있습니다.

나는 너희에게 이르노니 악한 자를 대적하지 말라 누구든지
네 오른편 뺨을 치거든 왼편도 돌려대며(마 5:39)

부자는 그 부함을 자랑치 말라

머슴이 주인 앞에서 자기의 재산을 자랑하고 거드름을 피울 수 없습니다.
주인으로부터 은혜를 받은 재물이기 때문에 오직 감사할 따름입니다.
종이 상전 앞에서 별것 아닌 재물로 교만을 떨어서는 안됩니다. 같은 종들의
입장에서 비교하면 조금 더 많을지는 몰라도 주인 앞에서는 겸비해야
합니다. 주인이 내어쫓으면 그날로 갈 곳 없는 신세가 종의 신분입니다.
세상에 부자가 많습니다. 재벌이 많습니다. 부모로부터 물려받은 재산도
있고 자신이 이룩한 부도 있습니다. 그러나 자랑할 부는 하나도 없습니다.
부모가 물려주셨든 자기가 벌었든 이 모든 것은 천지의 주인이신
하나님께서 주신 것입니다. 그러기에 자랑할 수 없습니다. 자랑할 것이
있다면 이 모든 것을 은혜로 내려 주신 하나님을 자랑하는 일일 것입니다.
어리석은 부자는 하나님을 자랑하지 않고 자신의 재산을 자랑하다 그날 밤
영혼이 떠나고 말았습니다. 억만금이 있으면 무엇합니까?
생사를 주관하시는 하나님께서 생명을 거두시면 모든 것을 버려 두고
떠나야 할 것을...
하나님을 자랑합시다.

여호와께서 이같이 말씀하시되 지혜로운 자는 그 지혜를 자랑치 말라
용사는 그 용맹을 자랑치 말라 부자는 그 부함을 자랑치 말라(렘 9:23)

꾸고자 하는 자에게 거절하지 말라

베풀며 사는 삶이 복된 삶입니다. 아브라함의 삶은 베푸는 삶이었습니다. 베풀고, 양보하고, 남을 위해 주고, 손님을 대접하는 복의 근원의 삶을 살았습니다. 아브라함처럼 살고 싶습니다. 베풀며 살고 싶습니다.

꾸는 자 보다는 꾸어 주고 싶습니다. 어려운 분이 손을 내밀 때 거절하지 않고 주는 사람이 되고 싶습니다.

남에게 베푼다는 것은 꼭 내가 갖고 있는 것이 넉넉해서는 아닐 것입니다. 물론 넉넉하면 더욱 좋겠지요. 그러나 넉넉해도 주지 못하는 사람이 있고 좀 부족해도 주는 사람이 있습니다. 물질의 부자가 아니고 마음의 부자일 것입니다.

남에게 베푸는 것은 꼭 물질만은 아닐 것입니다. 물질이 없으면 마음을 베풀고, 시간을 내어 몸으로 도와주고, 위로와 격려로 밀어주는 것도 베푸는 일이라고 생각합니다.

재산이 넉넉하신가요? 물질로 도우십시오. 가난하신가요? 마음으로 베푸십시오.

도움의 손길에 대해 그 어느 도구로도 도와주고 거절하지 않는 것이 제자의 삶일 것입니다.

네게 구하는 자에게 주며 네게 꾸고자 하는 자에게 거절하지 말라(마 5:42)

·화(禍)·가·되·는·일·

선을 구하고 악을 구하지 말라

선과 악이 공존하고 있습니다. 그러나 주변에 언제나 깔려 있는 것은 악이 더 많습니다. 손만 내밀면 악이 잡힐 정도로 이 땅에 악이 가득합니다.

봄이 오면 시골 저수지 얕은 곳에는 개구리들이 알을 낳습니다. 따뜻한 봄볕이 내리쬐면 이 알들이 올챙이로 변하여 움직이기 시작합니다.

몇천 마리, 몇만 마리가 넘는 올챙이 떼가 저수지 한쪽을 온통 뒤덮습니다. 검은 천을 드리운 듯 아예 바닥이 보이지 않을 정도로 새까맣게 움직입니다. 손으로 퍼 올리면 두 손 가득히 올챙이 떼로 가득합니다. 고무신을 벗어 퍼 올려도 고무신 가득 올챙이로 가득합니다. 개구쟁이들이 들어가서 올챙이 떼를 고무신으로 퍼서 길바닥으로 퍼 올립니다. 온통 검은 올챙이 떼가 흙 길을 아스팔트 포장한 듯 검게 만들어 버립니다.

올챙이는 검습니다. 올챙이는 많습니다. 셀래야 셀 수 없이 많습니다.

악은 검습니다. 악은 많습니다. 셀래야 셀 수 없이 많고 피할래야 피할 수 없이 많습니다. 그래서 악을 구하기가 쉽습니다.

선을 구해야 합니다. 악이 너무 많기에 선을 구하기 위해 애써야 합니다. 선은 애쓰지 않으면 구하기 힘듭니다. 선을 찾아 나섭시다.

너희는 살기 위하여 선을 구하고 악을 구하지 말지어다 만군의 하나님 여호와께서 너희의 말과 같이 너희와 함께 하시리라(암 5:14)

이방인의 기도를 본받지 말라

사람은 따라하기 좋아합니다. 아이가 태어나서 부모를 알아보고 재롱을
부릴 때가 되면 부모가 아이 앞에서 먼저 재롱을 부립니다.
나를 보고 따라하라는 것입니다. 도리도리도 하고 까꿍도 합니다.

아이가 부모의 하는 모습을 보고 그대로 따라하면 얼마나 좋아하는지
모릅니다. 유치원에 가서도 선생님을 따라하고 초등학교에 들어가서도
선생님과 상급반을 따라합니다.
어느 정도 성장을 하면 자기가 갖고 있는 재능을 살려 나가기는 하지만
사람은 따라하면서 성장합니다.
친구를 따라 배우고, 선배를 따라 배우고, 선생님을 따라 배웁니다.
부모님의 삶을 따라 배우고 익힙니다.

특히 예능은 더합니다. 피아노도, 바이올린도, 미술도, 체육도 지도하는
분의 기능을 따라 열심히 배웁니다. 이렇게 어려서부터 따라하는 습관이
몸에 배인 우리는 독창성을 잃어가고 있습니다.
내게 주신 하나님의 달란트를 발휘하여 누구나 하지 못하는 새로운 분야를
개척해야 하는데 모방에 너무 치우치는 느낌입니다.

이방인의 기도를 따라하면 안됩니다. 본받으면 안됩니다. 형식적인 기도,

진실성이 없는 기도, 남에게 보이기 위한 기도, 자신을 드러내기 위한 기도, 말은 앞서고 행동은 따르지 못하는 기도, 이런 기도는 이방인의 기도라 했습니다.

세리의 기도처럼 진실한 기도를 하나님께서는 요구하십니다.

그러므로 저희를 본받지 말라 구하기 전에 너희에게 있어야 할 것
을 하나님 너희 아버지께서 아시느니라(마 6:8)

이웃을 믿지 말며 친구를 의지하지 말라

인간의 삶을 지탱하는 커다란 두 가지의 정신 세계가 있습니다.
한 가지는 인본주의요 또 한 가지는 신본주의입니다. 인본주의는 말 그대로
삶의 중심에 사람이 서는 것입니다. 사람은 무엇이든 할 수 있다는
것입니다. 사람은 위대하다는 것입니다. 사람은 존귀하다는 것입니다.
사람이 힘을 합치면 못할 일이 없다는 것입니다. 그래서 인본주의가
만들어낸 모든 것은 사람이 주인이요 사람이 중심에 서 있습니다. 문학도,
음악도, 미술도, 영화도, 연극도, 스포츠도 인본주의가 만들어 낸 것은
종점이 모두 같습니다. 그러나 인본주의의 결과가 어떠했습니까? 바벨탑의
끝이 어떠했습니까? 수천 억의 인류가 병의 문제를 해결했습니까? 죽음의
문제를 해결했습니까? 불행을 극복했습니까? 재난을 막아냈습니까?
한 포기 풀의 꽃과도 같이 금방 피었다가 시들어 버리고 마는 인간이
천지를 창조하시고, 해와 달과 별들을 움직이시고, 삶과 죽음의 열쇠를 갖고
계시는 하나님을 떠나 무엇을 한단 말입니까?
신본주의로 돌아와야 합니다. 사람을 의지하지 말아야 합니다. 이웃도
친구도 부모까지도 믿고 나를 의지할 대상은 되지 못합니다.
하나님 외에 믿을 이는 아무 데도 없습니다.

너희는 이웃을 믿지 말며 친구를 의지하지 말며 네 품에 누운 여인
에게라도 네 입의 문을 지킬지어다(미 7:5)

보물을 땅에 쌓아 두지 말라

한국 사람은 현금을 좋아합니다. 지갑에 현금이 들어 있어야 든든한 모양입니다. 해외 여행을 다녀도 현금을 많이 가지고 다닌다고 합니다. 고액권을 불쑥 불쑥 내놓아 외국 사람을 놀라게 하는 일이 많다고 합니다. 자연히 이 소문이 퍼져서 소매치기 본부까지 정보가 들어갔습니다. 두목이 특명을 내렸습니다. "듣거라. 너희들은 다른 사람들은 건드리지 말고 한국 사람만 노리면 현금이 다발로 나온다" 라는 것입니다. 지갑보다 안전한 것은 카드입니다. 카드보다 안전한 것은 은행입니다. 한국 사람들이 해외에서 소매치기를 많이 당한 후에 카드 사용자가 늘어났습니다. 돈도 생기면 금고나 장롱 속에 넣어 두지 않고 땅을 사거나 은행에 예치했습니다. 그리고서는 내심 만족했습니다. 이제는 잃어버릴 염려가 없다는 것입니다. 그러나 염려 없습니까? 이 땅을 떠나시는 부모님께 여비로 쓰시라고 얼마나 드렸습니까? 평생 모은 재산을 이 땅을 떠날 때 어디에 넣어 가시렵니까? 안주머니에 넣으실 건가요? 허리춤에 차실 건가요? 온라인으로 부쳐달라고 하실 건가요? 보물을 하늘에 쌓아 두십시오 주의 일을 하십시오 하나님 나라를 위해 쓰십시오 한 푼의 돈도 잃어버리지 않고 백만 퍼센트의 이자를 붙여 영원한 나라에서 받을 것입니다.

너희를 위하여 보물을 땅에 쌓아두지 말라 거기는 좀과 동록이 해 하며 도적이 구멍을 뚫고 도적질하느니라(마 6:19)

스스로 속이지 말라

우리는 남을 속일 때가 많습니다. 가까이 계신 부모님도 속입니다. 친구도 속입니다. 선생님도 속입니다. 작은 일이나 큰 일이나 사람이 솔직하게 털어놓는 것이 쉽지 않습니다. 그렇게 배우고 그렇게 가르치면서도 막상 대하면 우선 눈에 보이는 작은 이익을 보고 속이기 쉽습니다.

이 세상에서 속이는 일이 없어진다면 얼마나 좋을까요? 지금보다 열 배는 좋은 세상이 될 것입니다. 눈물을 흘리는 사람도 줄어들 것이고 원한을 품는 사람도 줄어들 것입니다.

물론 정직한 사람도 많을 것입니다. 속이는 사람보다는 솔직한 사람이 더 많으리라 생각합니다. 그렇지만 스스로 자신을 속이며 살고 있는 사람이 많습니다. 남을 속일 때는 자신이 알고 있지만 스스로 속일 때는 자각하지 못할 때가 많습니다.

곡식은 심는 대로 거둡니다. 사람 역시 심는 대로 거둡니다.

심지 않은 다른 열매가 맺히는 일은 절대로 없습니다. 그러나 사람은 육체의 욕심대로 심고 좋은 결과를 기대하는 스스로 속이는 삶을 살 때가 많습니다. 성령으로 심어 영생을 거두어야 하겠습니다.

스스로 속이지 말라 하나님은 만홀히 여김을 받지 아니 하시나니
사람이 무엇으로 심든지 그대로 거두리라(갈 6:7)

내일 일을 위하여 염려하지 말라

염려하는 것은 사람의 특기인가 봅니다. 이런 염려, 저런 걱정으로 가득 차 있습니다. 오늘 일만 염려하는 것이 모자라 내일 염려까지 앞당겨서 합니다. 염려가 될지 축복이 될지 알 수 없는 내일의 일까지 앞으로 끌어와 미리 염려합니다. 예수님께서는 염려하지 말라고 하셨습니다. 또한 내일 일도 염려하지 말고 맡기라 하셨습니다. 내가 좋은 길로 인도하겠다는 것입니다. 내가 네 염려를 맡아 주겠다는 것입니다. 그런데도 사람들은 염려합니다. 이것은 불신입니다. 깊고 깊은 산골, 일년 내내 차 한 번 못타보고 구경조차 못하는 산골에 살던 제가 아버지를 따라 형님이 공부하는 대구에 갔습니다. 꿈인지 생시인지 정신을 잃었습니다. 대구에 내려보니 차도 많고, 사람도 많았습니다. 이때 아버지께서 잠시 저를 기다리라고 하시면서 밖으로 나가셨습니다. 그러자 얼마나 불안한지요. 누가 저를 끌고 갈 것 같기도 하고, 짐 보따리도 뺏어 갈까봐 염려가 되었습니다. 저를 버리고 가실 아버지가 아니신 대도 어찌나 불안하고 아버지께서 더디 오시는지 안절부절못했습니다. 지금도 그런 염려를 때로 하는 것 같아 저를 돌아봅니다. 나를 버릴 하나님 아버지가 아니신 대도 말입니다.

그러므로 내일을 위하여 염려하지 말라 내일 일은 내일 염려할 것
이요 한 날 괴로움은 그날에 족하니라(마 6:34)

사람의 훼방을 두려워 말라

믿음이 없으면 사람이 크게 보입니다. 어려움을 당하면 사람이 돕는 손길이 크게 보입니다. 사람이 도와주면 문제가 해결될 것처럼 여겨집니다.

믿음이 없으면 사람의 훼방이 두려워집니다. 사람의 위협이 크게 느껴집니다. 저 사람이 나를 훼방하면 아무 일도 안될 것처럼 여겨집니다. 사람이 크게 보이면 안됩니다. 사람이 두려워서도 안됩니다. 모두가 믿음이 없을 때 생기는 현상들입니다. 사람이 크게 보이면 사람에 가려서 하나님이 보이지 않습니다.

사람을 크게 본 사람치고 승리한 사람이 없습니다. 아론은 사람들의 아우성을 크게 보고 금송아지를 만들었습니다. 사울은 블레셋을 크게 보고 사무엘을 기다리지 못했습니다. 이스라엘 군대는 골리앗을 크게 보고 불안에 떨었습니다.

그러나 모세는 하나님만 크게 보았습니다. 다윗은 골리앗보다 하나님을 크게 보았습니다. 느헤미야는 산발랏과 도비야의 위협과 훼방보다 하나님을 크게 보았습니다. 그리하여 모두 승리했습니다.

사람이 크게 보이십니까?

빨리 기도하여 사람을 하나님 발 앞으로 내려 앉히십시오

의를 아는 자들아, 마음에 내 율법이 있는 백성들아 너희는 나를 알고
사람의 훼방을 두려워 말라 사람의 비방에 놀라지 말라(사 51:7)

▪화(禍)▪가▪되▪는▪일▪

비판을 받지 아니하려거든 비판하지 말라

땅 짚고 헤엄치기가 쉽습니다. 자전거를 타고 내리막길을 내려오기가
쉽습니다. 사람이 모이면 남의 말하기가 쉽습니다. 비판하기 쉽습니다.
특별 단속 기간이라는 것이 있습니다. 어떤 특정한 기간에 대하여 단속반을
집중 배치하여 단속하는 것입니다. 음주 운전 특별 단속기간이 있고,
학원폭력 집중 단속기간도 있습니다. 그러나 단속기간 동안은 주춤 하다가
기간만 끝나면 다시 이전으로 되돌아가는 것을 수없이 봅니다.

우리도 특별 단속기간을 정해야 할 것이 있습니다. 입술 단속기간입니다.
입술을 잘 단속해야 비판의 음주 운전이 발생하지 않습니다. 남을 험담하는
폭력배가 기승을 부리지 못하게 됩니다. 입술 단속기간은 일정기간만
해서는 안됩니다. 입술이 움직여지는 동안은 지속적으로 단속해야 합니다.
비판하기는 쉬워도 입술을 단속하기는 어렵습니다. 결심으로도 어렵고
노력으로도 어렵습니다. 성령의 도우심을 구해야 합니다.
성령의 숯불로 입술을 지져야 합니다. 결심에 앞서, 노력에 앞서 기도로
성령의 역사를 끊임없이 구해야 합니다.

비판을 받지 아니하려거든 비판하지 말라(마 7:1)

곡식 떠는 소의 입에 망을 씌우지 말라

저는 소에게 미안한 마음이 듭니다. 어릴 적 소를 먹이러 다니면서 소를 타고 다니기도 했습니다. 우리 집 소는 특별히 착해서 말을 잘 들었습니다. 일도 잘하고 송아지도 잘 낳았습니다. 자기 몸집에 비하면, 쥐방울만한 저를 들이받지도 않고 잘 순종했습니다.

그러나 저는 우리 소를 가끔 때렸습니다. 길을 가다 남의 밭의 콩을 뜯어 먹으면 때렸습니다. 코가 아플 정도로 고삐를 세게 잡아채서 끌고 가기도 했습니다. 소가 목이 말라 개울가에서 물을 마시면 기다리지 못하고 억지로 끌고 가기도 했습니다. 소는 물을 많이 마십니다. 그러다 보니 오래오래 마십니다. 그렇게 큰 배가 물을 잔뜩 마시면 팽팽하게 불러옵니다. 소가 물을 다 마시도록 기다리려면 한참을 기다려야 합니다. 저는 일행인 친구들과 함께 내려가려고 물 마시는 우리 소를 억지로 끌고 내려간 일도 있습니다. 지금 생각하니 소에게 미안한 마음이 듭니다.

주인을 도와 곡식을 떠는 소의 입에는 망을 씌우지 말고 먹도록 하라고 하나님께서는 배려해 주셨습니다. 이 배려는 소에게 하신 것도 되지만 특별히 우리에게 하신 은혜입니다. 일꾼이 삯을 받고 하나님의 은혜로 재물을 누리게도 되는 모든 축복은 하나님께서 주신 것입니다.

곡식 떠는 소의 입에 망을 씌우지 말지니라(신 25:4)

난리와 소문을 듣겠으나 두려워 말라

가장 두려운 것은 전쟁입니다. 재난은 삶을 어렵게 하고 배고프게 하지만 전쟁은 파괴합니다. 가정도, 국가도, 개인의 삶도 파괴합니다.

재난은 무섭습니다. 홍수로 옥토를 쓸어 가면 어려움에 빠집니다. 화재는 무섭습니다. 재산을 삼켜버립니다. 그러나, 이 모든 것은 수년 내에 회복할 수 있습니다. 그러나 전쟁은 그렇지 않습니다. 파괴되는 것도 무서운 일이지만 수많은 사람이 죽는 것이 가장 큰 어려움입니다.

젊은이가 죽어갑니다. 가정과 나라의 미래가 무너져 버리는 것입니다. 우리 나라가 경제적 어려움을 당하고 있습니다. IMF의 체제 속에서 온 국민이 엄청난 부도를 맞고 실의에 빠졌습니다. 자포자기한 아들에게 팔순 노모가 이런 말씀을 하셨답니다. "하나님께 감사해라. 우리의 잘못에 하나님께서 전쟁의 채찍을 들지 않으시고 경제 파탄의 덜 아픈 채찍을 드셨으니 말이다." 이 말씀에 그는 일어섰다고 합니다.

전쟁은 무섭습니다. 가장 큰 재난입니다.

그러나 무서워하지 말라고 하십니다. 두려워 말라고 하십니다. 전쟁은 하나님께 속하였으며 하나님의 백성은 그 어떠한 상황에서도 하나님께서 보호하시기 때문입니다.

난리와 난리 소문을 듣겠으나 너희는 삼가 두려워 말라 이런 일이
있어야 하되 끝은 아직 아니니라(마 24:6)

인색함으로나 억지로 하지 말라

억지로 일하는 모습보다 자진해서 일하는 모습이 아름답습니다.

마지못해 일하는 모습보다 신이 나서 일하는 모습이 아름답습니다.

가끔 딸아이에게 일을 시켜 봅니다. 심부름도 시키고, 청소기도 돌리게 합니다.

일하는 모습을 보면 억지로 마지못해 하는 일인지 신이 나서 하는 일인지

금방 알 수 있습니다. 일의 결과도 어떤 모습으로 했는지에 따라 다릅니다.

억지로 한 청소는 다시 해야 할 정도로 구석구석에 먼지가 남아 있습니다.

그렇지만 신이 나서 한 날은 깔끔합니다. 억지로 일하는 모습을 보면

불안합니다. 청소기가 고장나든지 가구에 흠집이 생길는지 모릅니다.

신나서 일하는 모습을 보면 보는 사람의 마음까지 신바람이 납니다.

공부도 좋아서 하면 결과도 좋습니다. 주의 일도 즐거운 마음으로 하면

좋습니다. 인색함으로나 억지로 하면 하나님께서 보시기에 불안하실

것입니다. 언제 어떤 불평이 터져 나오고 시험에 빠질지 모르기 때문입니다.

하나님께 드리는 예물도 즐거운 마음으로 드려야 받으십니다.

아까워하면서 할 수 없이 드린다면 받지 않으실 것입니다.

즐겁게 하십시다.

각각 그 마음에 정한대로 할 것이요 인색함으로나 억지로 하지 말
지니 하나님은 즐겨내는 자를 사랑하시느니라(고후 9:7)

▪ 화(禍) ▪ 가 ▪ 되 ▪ 는 ▪ 일 ▪

서기관들과 바리새인들의 행위를 본받지 말라

마태복음 23장은 예수님께서 서기관들과 바리새인들을 향한 책망으로 가득
차 있습니다.
그만큼 그들의 외식과 교만이 크다는 증거입니다.
예수님의 책망을 들어보십시오

"저희는 말만 하고 행치 아니한다. 무거운 짐을 묶어 사람에게 지우되
자기는 한 손가락도 움직이려 하지 않는다. 모든 행위를 사람에게 보이려고
차는 경문을 넓게 하고 옷술은 크게 한다. 잔치의 상석과 회당의 상좌와
시장에서 문안받는 것과 사람에게 랍비라 칭함 받기를 좋아한다.
천국 문을 사람들 앞에서 닫고 저희도 들어가지 않고 들어가려 하는 자도
들어가지 못하게 한다. 교인 하나를 얻기 위해 바다와 육지를 두루 다니다가
생기면 저희보다 배나 더 지옥 자식이 되게 한다.
저희는 소경된 인도자이다. 박하와 회향과 근채의 십일조는 드리되 율법의
더 중한바 의와 인과 신은 버렸도다. 하루살이는 걸러내고 약대는 삼키는
도다. 잔과 대접의 겉은 깨끗하되 그 안에는 탐욕과 방탕으로 가득하도다.
회칠한 무덤 같으니 겉으로는 아름답게 보이나 안에는 죽은 사람의 뼈와
모든 더러운 것이 가득하도다. 겉으로는 사람에게 옳게 보이되 안으로는
외식과 불법이 가득하도다."

우리는 이러한 저들의 행위를 본받지 말고 오직 예수 그리스도를 본받아야
할 것입니다.

▫화(禍)▪가▪되▪는▪일▫

거하는 땅을 더럽히지 말라

옷을 더럽히는 것은 두 가지가 있습니다. 기름때가 묻든지 흙이 묻어도 더럽혀지지만 그 옷의 신성함을 저버려도 더럽혀집니다.

아내가 사준 옷을 입고 바람을 피워도 그 옷을 더럽혔다고 할 수 있을 것입니다. 몸을 더럽히는 것도 두 가지가 있습니다. 땀과 오물로 더럽혀질 수 있지만 가서는 안될 곳으로 가고, 먹지 말아야 할 것을 먹고, 지켜야 할 순결을 지키지 못해도 몸을 더럽힌 것입니다. 오히려 땀과 오물은 쉽게 씻을 수 있어도 다른 오염은 참으로 씻어내기 어렵습니다.

땅을 더럽히는 것도 두 가지가 있습니다. 산업폐기물을 파묻고, 공해 물질을 강으로 흘려 버리고, 먹다 남은 음식물을 산과 들에 버리고 오는 것도 땅을 더럽히는 일입니다. 그러나 또 다른 오염이 있습니다. 무죄한 자의 피를 흘림도 땅을 더럽힘이요 우상을 세워 섬김도 땅을 더럽힘입니다. 오히려 이런 것들이 땅도 사람도 영혼도 멸망케 하는 무서운 오염입니다.

하나님께서는 이 땅을 아름답게 만드셨습니다. 깨끗하게 만드셨습니다. 하나님께 순종하고 이웃을 사랑함으로 하나님께서 주신 이 땅을 보존해야 할 것입니다.

너희는 너희 거하는 땅 곧 나의 거하는 땅을 더럽히지 말라
나 여호와가 이스라엘 자손 중에 거함이니라(민 35:34)

환난 시에 지붕에 있는 자는
집안에 있는 물건을 가지러 내려가지 말라

귀중한 것을 얻기 위해서는 다른 것을 버릴 줄 알아야 합니다. 작은 것을 얻기 위해 큰 것을 잃어버리는 어리석은 사람들을 종종 봅니다. 집에 불이 난 사람이 귀중품을 건지려고 다시 불 속으로 뛰어드는 모습을 봅니다. 물론 귀한 것들입니다. 결혼 반지도 있을 것이고 통장도 있을 것입니다.

그러나 그것보다는 생명이 더 귀합니다. 결혼 반지는 다시 사서 교환하면 추억이 새로울 것이고, 건강만 있으면 열심히 벌어서 더 많은 통장을 가질 수도 있습니다. 그러나 생명을 잃어버리면 아무것도 소용이 없습니다.

다시 얻을 수 있는 것은 버려도 됩니다. 그러나 다시 얻을 수 없는 것은 끝까지 지켜야 합니다. 물질은 있다가도 없어지기도 하고 없는 것 같다가도 다시 얻게 될 때가 많습니다. 명예도, 권세도, 세상 것은 있다가도 떠나가고 떠나갔다 가도 찾아오게 되어 있습니다. 지난 겨울 따뜻한 남쪽 나라로 떠나갔던 제비도 봄이 오면 다시 찾아옵니다. 그러나 제비가 멸종되면 봄이 열 번 찾아와도 다시 오지 못합니다. 세상의 온갖 좋은 것들이 트럭으로 내 집을 찾아와도 내 생명이 떠나고 없으면 무엇하겠습니까? 예수를 얻어야 합니다. 예수를 소유해야 합니다. 예수 안에 온갖 보화가 있습니다.

지붕 위에 있는 자는 집안에 있는 물건을 가질러 내려가지 말며(마 24:17)

▪화(禍)▪가▪되▪는▪일▪

선악을 알게 하는 실과는 먹지 말라

하나님께서 천지만물을 창조하시고 사람을 지어 에덴동산에 살게 하시며 온갖 좋은 것들을 주셨습니다. 그리고 마음대로 먹고, 다스리고, 생육하고 번성하도록 복을 주셨습니다. 그러나 한 가지만은 하지 말라고 엄히 경계하셨습니다. 이 경계의 말씀은 사람에게 주신 첫 번째의 하지 말라는 지시의 말씀입니다. 그것은 바로 "선악을 알게 하는 나무의 실과는 먹지 말라" 라는 명령이십니다.

우리에게는 허용된 것이 있고 금지된 것이 있습니다. 이것은 어느 시대 어느 누구를 막론하고 적용됩니다. 국가에도, 단체에도, 가정에도, 개인의 삶에도 허용된 것과 금지된 것은 반드시 있습니다. 자유롭게 들어갈 수 있는 장소도 있고, 엄격하게 통제되어 있는 장소도 있습니다. 촬영을 자유롭게 할 수 있는 곳이 있고 촬영할 수 없는 장소가 있습니다.

하나님께서도 사람에게 허용하시는 것이 있고 금하시는 것이 있습니다. 하나님의 영역이 있고 사람의 영역이 있습니다.

사람이 하나님의 영역을 범하면 안됩니다. 하나님의 영역을 범하고 살 수 있는 사람은 없습니다. "하라"하신 것 잘하고, "말라" 하신 것 안 하는 것이 영역 안의 복된 삶입니다.

선악을 알게 하는 나무의 실과는 먹지 말라 네가 먹는 날에는 정녕
죽으리라 하시니래(창 2:17)

정죄하지 말라

정죄는 사람이 할 수 있는 영역이 아니라고 생각합니다. 정죄는 죄가 없는 분이 내릴 수 있는 것이라고 생각합니다. 나도 죄인이면서 어떻게 또 다른 죄인을 향해 정죄할 수 있습니까? 내가 더러우면서 더러운 사람을 향해 돌을 던질 수 있습니까?

판사는 죄인을 향해 판결을 내립니다. 때로는 사형이라는 최후의 판결을 가하기도 합니다. 그러나 판사가 의인입니까? 판사 역시 사형수가 짓지 아니한 드러나지 않은 죄를 가지고 있습니다. 사람은 심판주 하나님 앞에서 모두가 죄인입니다.

물론 이 땅의 재판제도는 신성합니다. 이런 제도는 어디에나 필요합니다. 죄인을 벌주고 경계하여 모든 사람이 자유롭게 살게 하는 정당한 제도입니다. 그렇지만 마음에 주신 하나님의 재판소가 있음을 부정해도 안됩니다.

다른 사람을 정죄하기 전에 나 자신을 보아야 합니다. 남을 비판하기에 앞서 내가 비판받을 일은 없나를 살펴야 합니다. 남의 용서를 논하기 전에 나도 용서받아야 할 잘못이 없나를 살펴야 합니다.

비판치 말라 그리하면 너희가 비판을 받지 않을 것이요 정죄하지
말라 그리하면 너희가 정죄를 받지 않을 것이요 용서하라 그리하면
너희가 용서를 받을 것이요(눅 6:37)

▪화(禍)▪가▪되▪는▪일▪

거짓 맹세를 좋아하지 말라

맹세하지 말라고 하셨습니다. 내일 일을 알 수 없는 사람이 맹세하는 것은
어리석은 일입니다. 그리고 그런 맹세를 믿는 것도 똑같이 어리석은
일입니다. 더군다나 거짓 맹세는 하나님께서 미워하시는 일입니다.
맹세를 좋아하는 사람은 맹세를 남발합니다. 별것 아닌 것 가지고
맹세한다고 하고, 꼭 지키겠다고 어떤 의지나 결심도 없이 습관적으로
맹세하기도 합니다.

맹세는 신중해야 합니다. 섣불리 해서도 안되고 쉽게 믿어도 안됩니다.
맹세를 잘하는 사람은 대개 잘 지키지 못합니다. 자신의 연약함을 맹세라는
강한 힘으로 다소라도 보충하려는 의도가 있는지도 모르겠습니다.

달콤한 맹세를 좋아하지 마십시오 분위기에 이끌려 거짓 맹세에 마음을
빼앗기지 마십시오 진실로 약속을 지키고 끝까지 남아 있을 사람은 입으로
맹세하지 않습니다. 행동으로 말하고 성실한 자세로 말합니다.
거짓 맹세를 좋아하지 마십시오 하나님께 미움받습니다.

심중에 서로 해하기를 도모하지 말며 거짓 맹세를 좋아하지 말라 이
모든 일은 나의 미워하는 것임이니라 나 여호와의 말이니라(슥 8:17)

더러운 말은 입밖에도 내지 말라

말에는 좋은 말이 있고 나쁜 말이 있습니다. 약이 되는 말이 있고 독이 되는

말이 있습니다. 약이 되는 말을 많이 하면 사람을 살립니다.

그러나 독이 되는 말을 많이 하면 사람을 죽입니다. 독이 되는 말도 여러

종류가 있습니다. 가시처럼 찌르는 말이 있습니다. 벌처럼 쏘는 말이

있습니다. 그 중에서도 가장 많은 것은 더러운 말입니다.

더러운 말은 입술을 더럽힙니다. 인격을 더럽힙니다. 가정을 더럽힙니다.

사회를 더럽힙니다. 더러운 말을 하는 친구를 사귀면 나도 더러워집니다.

더러운 말을 듣기 좋아하면 내 속에 온통 더러운 것들이 스며들어 인격이

쓰레기장으로 변합니다.

더러운 말이 얼마나 많은지 모릅니다. 음란한 말이 얼마나 많은지 모릅니다.

더러운 말을 하는 자는 결코 천국에 이를 수 없습니다.

이사야도 입술을 지지고 나서야 선지자의 사명을 감당했습니다.

더러운 말을 내 인격 속에서 빼내는 작업을 하십시오

음란한 개구리를 몰아내십시오

더러운 말은 입밖에도 내지 마십시오

무릇 더러운 말은 너희 입밖에도 내지 말고 오직 덕을 세우는데 소용되
는 대로 선한 말을 하여 듣는 자들에게 은혜를 끼치게 하라(엡 4:29)

▪화(禍)▪가▪되▪는▪일▪

고기를 생명 되는 피 채 먹지 말라

하나님께서는 살아 있는 동물을 우리에게 식물로 주셨습니다. 채소를 먹게 하시듯이 우리에게 주셨습니다. 그러나 고기를 그 생명 되는 피 채 먹지 말라고 하셨습니다.

성경에서 피는 생명의 근원으로 말씀하십니다. "육체의 생명은 피에 있음이라 내가 이 피를 너희에게 주어 단에 뿌려 너희의 생명을 위하여 속하게 하였나니 생명이 피에 있으므로 피가 죄를 속하느니라 그러므로 내가 이스라엘 자손에게 말하기를 너희 중에 아무도 피를 먹지 말며 너희 중에 우거하는 타국인이라도 피를 먹지 말라 하였나니 모든 생물은 그 피가 생명과 일체라 그러므로 내가 이스라엘 자손에게 이르기를 너희는 어느 육체의 피든지 먹지 말라 하였나니 모든 육체의 생명은 그 피인즉 무릇 피를 먹는 자는 끊쳐지리라"(레 17:11, 12, 14)

피를 먹지 말라고 하신 것은 생명 그 자체를 멸시치 않기 위함입니다.
생명의 주인은 하나님이시기 때문입니다. 사람이 하나님의 허락으로 고기는 먹을 수 있으나 결코 그 생명을 멸시해서는 안될 것입니다.
생명의 주관자는 오직 창조주 하나님이십니다.

그러나 고기를 그 생명 되는 피 채 먹지 말 것이니라(창 9:4)

세상이 너희를 미워하거든 이상히 여기지 말라

세상의 주관자는 마귀입니다. 마귀는 공중 권세를 잡고 사람을 미혹하여 지옥으로 끌고 갑니다. 오늘도 마귀는 어찌하든지 성도를 미혹하여 멸망의 자식을 만들려고 합니다. 성도는 세상에서 살고 있지만 세상에 속하지는 않았습니다. 성도는 그리스도 예수 안에 있습니다. 그러니 세상이 성도를 미워하는 것은 지극히 당연한 이치입니다.

유태인 아이가 독일인 마을의 학교에서 겪는 고난을 담고 있는 영화를 보았습니다. 얼마나 유태인 아이를 괴롭히는지 차마 볼 수가 없었습니다. 거꾸로 매달아 놓고 때리는가 하면 독일 아이들의 오줌을 마시게 했습니다. 사사건건 미워했습니다. 잠시도 그냥 두지를 않았습니다.

마귀도 우리를 잠시도 그냥 두지 않습니다. 눈으로 보는 것으로 미혹하고 귀로 듣는 것으로 유혹합니다. 때로는 달콤하게 때로는 위협으로 공격해 옵니다.
세상이 미워하거든 이상히 여기지 마십시오
더욱 기도에 힘쓰며 세상을 이기고 세상을 변화시켜 나가십시오

형제들아 세상이 너희를 미워하거든 이상히 여기지 말라(요일 3:13)

▪화(禍)▪가▪되▪는▪일▪

무당을 살려두지 말라

몇 일전 신문에 대학생들이 점을 보고 있는 사진이 실렸습니다.
지성의 전당이라는 대학가에 점치는 자들이 자리를 잡고 있는 것도
문제이고, 장난 삼아 하든 믿고 하든 적지 않은 대학생들이 드나든다고 하니
보통 일이 아닙니다. 커피도 마시고 점도 보는 점 카페라는 곳도
성업중이라고 합니다. 한 달에 5백~6백여 명의 대학생들이 이 곳을
드나든다고 합니다.
무당이 활개를 치고 굿거리 춤이 예술로 받아들여질 정도로 무당과 주술의
존재가 자연스럽게 많은 영혼들을 파고들고 있습니다. 심각한 문제입니다.

하나님께서는 무당을 살려두지 말라고 단호하게 말씀하셨습니다.
물론 지금의 법치국가에서 무당을 모조리 잡아다가 사형을 시킬 수는
없겠지만 나라를 혼란케 하고 사람의 영혼을 파멸로 끌고 가는 무당의
역할을 단호히 단절시켜야 할 것입니다.
나라를 위해 기도해야 합니다.
하나님의 진노가 이 땅에 내리지 않도록 기도해야 합니다.

너는 무당을 살려두지 말지니래(출 22:18)

피차에 비방하지 말라

늘 모임에 습관적으로 늦게 오는 분이 오늘은 제시간에 왔습니다. 평소에 시간을 잘 지키는 다른 분이 오늘은 무슨 사정이 있었는지 시간이 지나서 도착했습니다. 어쩌다 일찍 온 분이 항상 제시간에 오는 분을 비방하기 시작했습니다. 이렇게 혼자 늦으면 일찍 온 사람 모두에게 피해를 주는 것이라는 것입니다. 저 사람 오늘만 늦는 것이 아니라 평소에도 늦게 왔을 것이라고 했습니다. 허기야 자신이 언제나 늦게 왔으니 일찍 도착한 그 분을 관심 있게 보지 못했으니 그럴 수도 있겠지요.

물론 이 정도로 지나치게 비합리적인 사람이 많은 것은 아닙니다. 그러나 대체로 사람은 자기는 관대하게 보고 남은 예리하게 봅니다. 자신에 대해 관대하게 보다보니 웬만한 잘못은 보이지도 않습니다. 그러나 남에 대해 예리하게 보다보니 조그마한 흠집도 선명하게 보입니다.

형제를 비방하고 비판하는 것은 곧 율법을 비방하고 율법을 판단하는 자가 된다는 것입니다. 곧 입법자와 재판자가 되시는 하나님 앞에서 죄인이 큰소리를 치는 죄가 되는 것입니다.

형제들아 피차에 비방하지 말라 형제를 비방하는 자나 형제를 판단
하는 자는 곧 율법을 비방하고 율법을 판단하는 것이라 네가 만일
율법을 판단하면 율법의 준행자가 아니요 재판자로다(약 4:11)

나 외에 다른 신을 두지 말라

하나님께서 우리에게 "하지 말라"고 명령하신 것들 중에서 가장 첫 번째가 되고, 중요한 것이 있다면 바로 "나 외에는 다른 신들을 네게 있게 말지니라" 하는 이 계명일 것입니다.

이 계명은 십계명 중에서도 첫 번째가 됩니다. 아울러 제 2계명에서도 같은 맥락의 계명으로 제 1계명을 강조하고 있습니다.

"너를 위하여 새긴 우상을 만들지 말고, 또 위로 하늘에 있는 것이나, 아래로 땅에 있는 것이나, 땅 아래 물 속에 있는 것의 아무 형상이든지 만들지 말며, 그것들에게 절하지 말며, 그것들을 섬기지 말라." 이 계명을 지키는 자에게 주시는 말할 수 없이 큰 은혜와, 이 계명을 지키지 않는 자에게 주시는 저주를 하나님께서는 친히 이렇게 말씀하셨습니다.

"나 여호와 너의 하나님은 질투하는 하나님인즉 나를 미워하는 자의 죄를 갚되, 아비로부터 아들에게로 삼 사대까지 이르게 하거니와 나를 사랑하고 내 계명을 지키는 자에게는 천대까지 은혜를 베푸느니라."

남편이 아내의 다른 허물은 용서할 수 있습니다. 허영심이 있는 것도, 낭비벽이 있는 것도, 음식솜씨 없는 것도, 잠을 많이 자는 것도 용서할 수 있습니다. 그러나 또 다른 남편을 두는 것은 절대 용서할 수 없습니다.

너는 나 외에 다른 신들을 네게 있게 말지니라(출 20:3)

거룩한 것을 개에게 주지 말라

귀한 것을 천하게 취급해서는 안됩니다. 결혼사진을 쓰레받기로 사용하지 않습니다. 성경책을 화분 받침으로 삼지 않습니다.

물건만 아니라 도덕적인 문제도 분별없이 마구 행해서는 안됩니다.

고귀한 것을 천하게 여겨서는 안됩니다.

거룩한 것은 구약시대에는 하나님께 드리는 제물에 사용된 말입니다.

그렇지만 여기에 예수님께서 말씀하신 거룩한 것은 복음이라고 생각합니다.

복음은 귀합니다. 복음은 거룩합니다. 복음처럼 많은 영혼을 살리는 능력이 없습니다. 복음은 복음 그대로 순수하게 지키고 보존해야 합니다. 이러한 복음을 개에게 주는 것은 안될 일입니다.

개는 배교자로 볼 수 있습니다. 나아가서 개는 자기의 유익을 위해 하나님을 섬기는 거짓 일꾼을 가리킵니다.

사도 바울도 이런 사람을 개라고 표현하여 개들을 삼가라고 했고 베드로도 같은 의미의 말을 했습니다.

거룩한 복음이 개들에 의해 더러워져서는 안됩니다. 말씀 그대로 지켜나가야 할 것입니다.

거룩한 것을 개에게 주지 말며 너희 진주를 돼지 앞에 던지지 말라 저희가 그것을 발로 밟고 돌이켜 너희를 찢어 상할까 염려하라(마 7:6)

▪화(禍)▪가▪되▪는▪일▪

가난한 동족에게 이식을 위하여 돈을 빌려주지 말라

동물의 세계는 약육강식의 세계입니다. 약한 짐승은 강한 짐승의 밥이 됩니다. 금방 약한 짐승을 잡아먹고 배가 부른 강한 짐승도 큰소리를 못 칩니다. 자기보다 더 강한 힘을 가진 적이 도사리고 있기 때문입니다. 약한 자 위에 강한 자, 강한 자 위에 더 강한 자, 더 강한 자 위에 아주 강한 자, 아주 강한 자 위에 절대 강자가 있어 먹이 사슬은 이어져 나갑니다.

사람의 세계에도 동물의 세계와 유사한 경우가 많습니다. 사람도 대체로 강자 앞에서는 약하고 약자 앞에서는 강합니다. 자기보다 강한 자 앞에서는 아무 소리 못하다가도 약자를 만나면 서슬이 시퍼렇게 약자 위에 군림하려 합니다.

하나님은 약자의 편이십니다. 하나님은 고아와 과부에게 특별한 관심을 보이십니다. 가난한 자에게 눈길을 돌리십니다.

부한 자가 가난한 자에게 은혜를 베풀 때 하나님께서는 좋아하십니다. 하나님의 일을 대신했기 때문입니다.

가난한 동족에게는 자기의 이익을 위해서 이자를 받으며 돈을 빌려주지 말라고 하십니다. 그저 주든지 이자 없이 호의를 베풀라고 하십니다.

너는 그에게 이식을 위하여 돈을 꾸이지 말고 이익을 위하여 식물
을 꾸이지 말라(레 25:37)

열매 없는 어두움의 일에 참예하지 말라

농부가 논밭에 씨를 뿌리고 땀흘려 가꿀 때는 열매를 바라보고 합니다.
열매가 맺히지 않는 곡식 아닌 들풀을 뿌리는 어리석은 농부는 없습니다.
곡식보다 색깔이 곱고 모양이 예쁘고 손질을 안 해주어도 잘 자란다고
아무것이나 밭에 심지 않습니다. 반드시 열매를 바라보고 수고하고 땀을
흘립니다.

그런데도 오늘을 사는 많은 사람들이 열매 없는 어두움의 일에 씨를 뿌리고
시간을 낭비하는 것을 봅니다. 많이 배우고, 교양도 있는 분들이 분별력을
잃고 열매 없는 일에 빠져 들어감을 봅니다. 환락에 빠지고, 세상에 빠지고,
술에 빠지고, 마약에 빠지고, 음란에 빠집니다. 청소년도 빠지고 어른도
빠집니다.

초등학교도 나오지 못해 글자 하나도 제대로 읽지 못하는 산골의 농부도
열매 없는 씨앗은 뿌리지 않는데, 대학을 나오고 전공분야를 이수하고
존경받는 위치에 있는 분들이 아무런 열매도 맺지 못하고 허무로
끝나버리고 마는 세상의 어두운 일에 참여하여 헤매는 모습을 보면 영적
무지가 얼마나 무서운지를 알 수 있습니다.

나는 지금 어디에 빠져 있을까요? 한번 살펴보는 시간이 필요할 것입니다.

너희는 열매 없는 어두움의 일에 참예하지 말고 도리어 책망하라(엡 5:11)

▪ 화(禍) ▪ 가 ▪ 되 ▪ 는 ▪ 일 ▪

여자는 남자의 옷을 입지 말고
남자는 여자의 옷을 입지 말라

남자는 남자이고 여자는 여자입니다. 남자 같은 여자여도 안되고 여자 같은
남자여도 안됩니다. 하나님께서는 분명히 구별하여 남자와 여자를
창조하셨습니다. 남자의 역할이 있고 여자의 역할이 있습니다. 남자의 옷이
있고 여자의 옷이 있습니다.

이 모든 것은 하나님께서 창조하시고 원하시고 요구하시는 대로
보존되어야 합니다. 이것이 뒤섞이면 안됩니다.

금은 금이고 은은 은입니다. 금과 은을 뒤섞어 놓으면 아무런 가치가
없습니다. 소는 소이고 말은 말입니다. 소와 말을 혼합하면 안됩니다.

얼마 전 길을 물을 일이 있었습니다. 마침 아가씨 한 분이 버스를 기다리고
있기에 길을 물었습니다. 그러자 인상을 쓰며 돌아서는 아가씨는 아가씨가
아닌 아저씨였습니다. 머리도, 옷도, 치장도 여자 같은 남자였습니다.

기분이 좋지 않았습니다. 제 기분이 상하면 어떻습니까?
하나님의 기분을 상하게 하는 일이니 큰 불행이겠지요

여자는 남자의 의복을 입지 말 것이요 남자는 여자의 의복을 입지 말
것이라 이같이 하는 자는 네 하나님 여호와께 가증한 자니래(신 22:5)

▪순▪종▪의▪열▪매▪Ⅱ▪

의심하는 자는 주께 얻기를 생각하지 말라

의심을 완전히 떨쳐 버리기가 쉽지 않습니다. 의심은 그림자처럼
따라다니고 미사일처럼 쫓아옵니다. 그림자는 내가 하는 그대로
따라합니다. 앉으면 같이 앉고, 걸어가면 같이 걷고, 뛰면 같이 뜁니다.
따라오지 말라고 주먹을 흔들며 으름장을 놓으면 저도 똑같이 으름장을
놓습니다. 그늘이나 실내에 들어가면 이제는 없어졌구나 해도 어느새 또
따라 나오는 것이 그림자입니다. 그림자를 없애는 방법은 없습니다. 칼로
잘라도 잘라지지 않고 뜨거운 물을 부어도 녹지 않습니다.
그러나 그림자를 없애는 방법이 있습니다. 빛을 향하여 걸어가는 것입니다.
빛을 등지고 다닐 때 언제나 내 앞에서 길을 어둡게 하던 그림자도 빛을
향하여 걸으면 이내 내 뒤로 숨어 내 앞길을 가로막지 않습니다.
우리는 기도를 많이 합니다. "믿습니다" 라고 고백도 자주 합니다.
"아멘" 이라고 언제나 시인합니다. 그렇지만 마음 한 구석에 "과연 그렇게
될까?" 라는 의심의 보초를 한두 명 세워놓습니다.
빛 되신 예수 그리스도를 바라보며 의심의 그림자를 몰아내고 응답의
열매를 거두십시다.

오직 믿음으로 구하고 조금도 의심하지 말라 의심하는 자는 마치
바람에 밀려 요동하는 바다물결 같으니 이런 사람은 무엇이든지 주
께 얻기를 생각하지 말래(약 1:6 ~7)

▪ 화(禍) ▪ 가 ▪ 되 ▪ 는 ▪ 일 ▪

이방 사람과 혼인하지 말라

하나님은 유일하신 한 분이십니다. 하나님은 거룩하십니다. 하나님은 순수하십니다. 그러기에 우리를 향해 "너희도 거룩하라" "너희도 순결하라"고 하십니다.

우리는 신부입니다. 신랑과 언약을 맺은 신부입니다. 신부에게 가장 중요한 것은 순결입니다. 미모가 중요한 것이 아닙니다. 몸매가 중요한 것이 아닙니다. 뜻하지 않은 불의의 사고를 당해 팔 하나를 잃는다 해도 신부의 자격을 잃는 것은 아닙니다. 그러나 전보다 더 예뻐지고 몸매도 더 날씬해져도 순결을 잃으면 신부의 자격도 잃는 것입니다.

요즘은 왜 그런지 순결에 대한 중요성이 상실되어가고 있습니다.

순결을 끝까지 사수해야 할 마지막 진지로 생각하지 않고, 강아지 내다 팔 듯 쉽게 버리는 사람이 너무도 많습니다.

하나님의 백성은 순결해야 합니다. 그러기에 이방신을 섬기는 사람과는 혼인관계를 맺어서는 안됩니다. 이방신으로 끌려가기 쉽기 때문입니다. 그렇게 믿음이 좋았던 솔로몬의 실패를 거울삼아야 할 것입니다.

또 네가 그들의 딸들로 네 아들들의 아내를 삼음으로 그들의 딸들
이 그 신들을 음란히 섬기며 네 아들로 그들의 신들을 음란히 섬기
게 할까 함이니라(출 34:16)

청함을 받았을 때 상좌에 앉지 말라

자신을 낮추어서 손해보는 경우는 없습니다. 낮은 곳이 언제나 안전합니다.
바위꼭대기보다는 아래가 안전합니다. 나무 위보다는 땅이 안전합니다.
군대에 가면 여러 가지 훈련을 합니다. 적진을 향해 돌진하는 데도 여러
가지가 있습니다. 허리를 구부리고 뛰어가는 "돌격 앞으로" 도 있고
엎드려서 기어가기는 하되 엉덩이를 들고 팔꿈치로 기어가는 "높은 포복"
이 있습니다. 그런가 하면 속도는 아주 느리지만 온몸을 땅에 붙인 채
기어가는 "낮은 포복" 이 있습니다. 돌격 앞으로보다는 높은 포복이
안전하고, 높은 포복보다는 낮은 포복이 안전합니다.

사격을 할 때도 여러 가지가 있습니다. "서서 쏴", "쪼그려 쏴", "앉아 쏴",
"엎드려 쏴" 가 있습니다. 이 중에서 "엎드려 쏴" 는 그 어떤 사격 자세보다
안전하고 명중률도 높습니다.

마귀는 언제나 자세가 높은 사람을 향해 미혹의 방아쇠를 당깁니다.
스스로 높은 체하고 상좌를 좋아하는 사람에게 집요한 공격을 합니다.
내려앉으십시오 일평생 안전할 것입니다.

네가 누구에게나 혼인잔치에 청함을 받았을 때에 상좌에 앉지 말라
그렇지 않으면 너 보다 더 높은 사람이 청함을 받은 경우에 너와
저를 청한자가 와서 너더러 이 사람에게 자리를 내어 주라 하리니
그 때에 네가 부끄러워 말석으로 가게 되리라(눅 14:8~9)

▫화(禍)▪가▪되▪는▪일▪

우상을 만들지 말라

시외버스를 타고 코스모스가 피어 있는 시골길을 여행한 일이 있습니다.
창밖에는 온통 가을이 넘실거리고 있었습니다. 벼이삭도 춤을 추고,
단풍잎도 춤을 추고 있었습니다. 고추잠자리도 춤을 추고 하얀 구름도 춤을
추고 있었습니다. 가을은 역시 좋은 계절입니다. 어느새 콧노래가 흘러
나왔습니다. 얼마를 달렸을까? 버스는 작은 마을에 잠시 머물렀습니다.
창 밖을 내다보다 갑자기 어두운 그림자가 제 가슴을 누르고 있음을
느꼈습니다. 거기엔 온갖 형상의 우상의 모습들을 조각해서 세워 놓은
공장이 있었습니다. 불상의 모습도 있고 여러 가지 괴이한 동물의 형상도
있었습니다.

우리 나라가 아직도 어려움을 당하고 영적으로 혼탁한 것이 바로 이런 곳이
전국 방방곳곳에 산재해 있어서 그렇다고 생각하니 마음이 아팠습니다.
어디 그런 것만 우상이겠습니까? 하나님보다 더 귀하게 여기고 더 우선하는
것들이 우리 주위에 얼마나 많은가요?

돌로 다듬고 나무로 깍지는 않지만 내 마음에 자리잡으려는 우상의 세력을
만들지 말아야 할 것입니다.

너를 위하여 새긴 우상을 받들지 말고 또 위로 하늘에 있는 것이나
아래로 땅에 있는 것이나 땅 아래 물 속에 있는 것의 아무 형상이
든지 만들지 말며(출 20:4)

랍비라 칭함을 받지 말라

바리새인의 특징은 남이 알아주기를 바라는 심정입니다. 그래서 말씀을
기록한 경문을 넓게 하여 잘 보이도록 했습니다. 나는 이만큼 말씀을
사랑하고 지킨다는 과시입니다. 나를 우습게 보지 말라는 전시행위입니다.
잔치에 초대를 받아도 상석을 좋아했습니다. 내 지위가 높다는 표시입니다.
회당에서도 상좌에 앉았습니다. 종교적으로도 권위가 있다는 과시입니다.
시장에서나 사람이 많이 모이는 곳에서도 인사 받기를 좋아했습니다.
나는 이렇게 존경받는 인물이라는 광고입니다. 마치 공작새가 날개를 한껏
뻗혀서 자신의 아름다움을 자랑하듯이 바리새인들의 삶의 철학은 사람을
의식하는 삶이었습니다. 그들은 또한 랍비라 칭함 받는 것을 좋아했습니다.
선생님이라는 것입니다. 나는 많이 알고 있다는 것입니다. 나는 지혜와
지식이 많다는 것입니다. 내게로 와서 교훈을 얻으라는 것입니다.
어찌 바리새인들이 예수님 시대에만 있었겠습니까?
오늘을 사는 바리새인들이 또 얼마나 많습니까? 나 또한 바리새인처럼 살고
있지는 않습니까? 나도 바리새대학 졸업생은 아닌지요? 랍비는 한 분밖에
없습니다. 참 선생님은 오직 한 분 예수님밖에는 없습니다. 길과 진리와
생명을 가르쳐 주시는 선생님은 오직 예수님밖에 없습니다.

그러나 너희는 랍비라 칭함을 받지 말라 너희 선생은 하나요 너희
는 다 형제니라(마 23:8)

▪ 화(禍) ▪ 가 ▪ 되 ▪ 는 ▪ 일 ▪

헛된 영광을 구하여 서로 격동하고 투기하지 말라

시장에 가니 현장에서 곧바로 닭을 잡아 파는 가게가 있었습니다.
언제 목이 잘려 죽을지 모르는 가엾은 닭들이 닭장에 갇혀 있었습니다.
그야말로 시한부의 삶이었습니다. 이런 광경을 보자 얼마나 감사한지
감사가 튀어나왔습니다. 저 닭들과 같이 언제 지옥으로 끌려갈지 모르고
세상의 닭장에 갇혀 사는 사람들이 얼마나 많은지 알 수 없습니다.
그런데도 닭들은 그 좁은 닭장 안에서 서로 얽혀 싸우고 있었습니다.
작은 모이 하나 더 먹으려고 이리 밀치고 저리 쪼아대며 버둥거리고
있었습니다. 주인의 손이 닭장 안으로 들어와 움켜잡으면 누가 먼저 걸려서
목이 비틀릴지 알 수 없는 상황에서도 저들은 아무런 의식도 생각도
없었습니다.

하나님께서 지구라는 좁은 공간을 내려다보실 때 얼마나 많은 사람들이
닭장 속의 닭처럼 장래 일을 알지 못하고 한낱 헛된 영광을 위하여 서로
격동하고 투기하는 것을 보시며 안타까워하시리라 생각합니다.
멀리 바라봅시다. 헛된 영광을 버리고 하나님의 영광을 위하여 삽시다.

헛된 영광을 구하여 서로 격동하고 투기하지 말지니라(갈 5:26)

사랑의 빚 외에는 아무것도 지지 말라

빚을 지면 자유가 없습니다. 서럽습니다. 무시당합니다.

우리 나라가 빚을 졌습니다. 하나님의 축복을 감사하며 절제하며 누리지 못하고 퇴폐와 과소비로 흥청대다가 우리 힘으로 일어서지 못할 무거운 짐을 지고 말았습니다. IMF 앞에 빚진 나라로 내려앉았습니다.

무시당해도 참아야 하고, 깔보아도 아니라고 할 수 없는 약한 자의 자리로 내려앉았습니다. 빚진 자는 돈을 준 사람의 종이 되고 맙니다. 성경에도 선지자의 생도가 빚을 지고 죽자 두 아들을 빼앗기고 말 위기에 처했던 사건도 있었습니다. 차라리 무거운 돌을 짊어질지언정 빚은 짊어질 일이 아닙니다. 그러나 반드시 우리 나라는 일어설 것입니다. 하나님께 회개하고 바로 서면 하나님께서는 분명히 우리 나라를 일으키셔서 다시 한 번 세계 속에 인정받는 나라로 세워 주실 것을 믿습니다. 빚지지 맙시다. 부지런하여 남에게 베풉시다. 남을 의지하지 맙시다. 우리 힘으로 살고 남을 도우며 삽시다. 그러나 한 가지 빚은 허용하셨습니다. 사랑을 받는 일입니다.

우리는 사랑의 빚진 자입니다. 형용할 수 없는 하나님의 사랑에 빚진 자입니다. 그러나 감사한 빚입니다. 하나님 감사합니다.

피차 사랑의 빚 외에는 아무에게든지 아무 빚도 지지 말라 남을 사
랑하는 자는 율법을 다 이루었느니래(롬 13:8)

▪화(禍)▪가▪되▪는▪일▪

살인하지 말라

누구나 이 계명 앞에서는 당당할 것입니다. 이 계명만큼은 지킬 자신이 있다고 생각할지도 모릅니다. 내가 살인을 하다니? 내가 사람을 죽일 일은 없으리라고 생각할 사람이 많을 것입니다. 작은 새 한 마리도 죽이지 못하고, 개구리 한 마리도 밟아 죽이지 못하는 겁 많고 착한 내가 사람을 살해할 일은 결단코 없으리라고 생각할 것입니다.

그렇습니다. 실제적으로 살인죄를 저지르는 사람은 많지 않습니다. 그리고 이렇게 생각하는 분들이 살인죄를 지어 계명을 어긴 예는 거의 없다고 보아야 할 것입니다.

그러나 그렇지 않습니다. 우리는 자주 자주 이 계명을 어기고 있습니다. 예수님께서는 형제를 미워하는 자는 살인한 자라고 말씀하십니다. 칼을 들어 죽이지 않더라도 마음속에서 미움의 칼이 휘둘러졌다면 살인한 죄에 해당한다는 것입니다. 손에서 칼을 버리듯이 마음에서도 칼을 버려야 합니다. 미움의 칼을 버리고, 용서와 사랑의 꽃을 피워야 할 것입니다.

살인하지 말지니래(출 20:13)

아무 일에든지 다툼이나 허영으로 하지 말라

열심히 일하는 것은 좋은 일입니다. 그렇지만 동기와 목적이 순수하고 좋아야지 그렇지 않으면 그 열심이 오히려 시험이 됩니다. 남을 도와주고, 연합하는 열심은 교회를 든든히 세우고 자신도 복을 받습니다.

그러나 남보다 앞서려는 다툼으로 하고, 연합을 깨뜨리고, 허영으로 일을 하면 일은 열심히 했으되 열매는 나쁜 열매를 얻게 됩니다.

교회에는 아무리 일을 맡겨도 안 하려는 사람이 있는가 하면 불같은 열심으로 이것저것 다하려는 사람도 있습니다. 그 열심이 하나님의 영광을 위하고 교회를 봉사하고 남을 유익하게 하는 일이라면 참으로 좋은데 간혹 그렇지 않은 경우가 있습니다. 목사님이 알아주기를 원하고, 사람들이 인정해 주기를 바라고, 때로는 자기 만족감의 성취로 열심을 내는 사람이 있습니다. 그런 분은 얼마 후에 보면 교회에서 보이지 않습니다. 교회를 안나오거나 다른 교회로 옮겼다는 것입니다.

사람이 알아주지 않으니 힘이 빠져버린 것입니다. 헛된 영광을 위하여 했지 한 알의 밀이 되어 남을 위해 썩으려 하지 않은 것입니다.

열심을 내십시오. 그러나 마음을 같이 하여 서로 돌아보며 하나님의 영광을 위하여 하십시오.

아무 일에든지 다툼이나 허영으로 하지 말고 오직 겸손한 마음으로
각각 자기보다 남을 낫게 여기고(빌 2:3)

▪화(禍)▪가▪되▪는▪일▪

이방사람의 소위를 본받지 말라

하나님께서는 이스라엘을 가나안 땅으로 인도하시기 전 끊임없이 경계하시고 강조하신 말씀이 있습니다. 너희는 저들이 섬기는 신을 숭배하지 말라는 것입니다. 그들의 풍속을 본받지 말라는 것입니다. 그들의 소위를 본받지 말라는 것입니다.

이스라엘 백성이 들어갈 가나안 땅은 온갖 우상 숭배와 가증한 행위들로 가득 차 있었습니다. 그래서 하나님께서는 가나안에 거하는 이방 족속을 토해내시고 택한 백성 이스라엘에게 기업으로 주시는 것입니다.

그렇지만 이스라엘이 가나안 족속들을 완전히 쫓아내지 않으면 저들이 섬기는 우상을 본받아 섬기게 되고, 저들의 풍속을 따라 행하게 되고 저들의 소위를 본받아 가증한 행위를 하게 될 것이 너무나 분명한 것입니다. 그렇게 되면 내가 너희도 토하여 내치리라고 경고하셨습니다.

성경의 역사를 보십시오 이스라엘은 이방 사람을 완전히 쫓아내지 못하고 섞여 살다가 얼마나 많은 범죄와 심판을 받았는지 모릅니다.

오늘도 우리 나라에 이방 민족이 많습니다. 점쟁이의 수가 목회자의 수보다 많은 나라, 대학가를 점쟁이가 점령한 나라가 우리 나라입니다.

기도해야 합니다. 하나님께서 우리를 토하실까 두렵습니다.

너는 그들의 신을 숭배하지 말며 섬기지 말며 그들의 소위를 본받
지 말고 그것들을 다 훼파하며 그 주상을 타파하고(출 23:24)

자선을 베풀려거든 부한 자를 청하지 말라

남에게 베풀 때에 아무런 대가를 바라지 않고 주기가 쉽지 않습니다. 선물을
할 때도 그렇습니다. 선물의 진정한 의미는 내게 돌아올 것을 생각하지 않고
그저 주는 것인데 선물에 뇌물의 성격이 섞여서 갈 때가 많음을 생각해
봅니다. 뇌물은 꼭 더 큰 대가를 바라고 주는 것입니다. 작은 것을 주고 큰
것을 얻으려는 속셈인 것입니다.

선물도 그와 같은 기대가 섞여 있다면 진정한 선물은 아닐 것입니다.
하나님께서 우리에게 주신 모든 것들은 선물입니다. 참으로 소중한
선물들입니다. 천지만물도, 먹을 양식도, 은혜도, 성령도, 구세주 예수
그리스도도 선물입니다. 우리는 하나님 앞에 갚을 길이 없습니다.
남에게 자선을 베풀려면 갚을 능력이 없는 가난한 사람에게 하라고
하셨습니다. 그래야 하나님께서 더 좋은 것으로 갚아 주시기 때문입니다.
갚을 능력이 있는 사람에게 베풀어서 나도 되돌려 받으면 아무런 상이
없다는 말씀입니다.

이름도 없이 빛도 없이 어렵고 가난한 사람을 돕는 분들이 많습니다.
오늘을 살아가는 예수님의 제자입니다.

또 자기를 청한 자에게 이르시되 네가 점심이나 저녁이나 베풀거든
벗이나 형제나 친척이나 부한 이웃을 청하지 말라 두렵건대 그 사
람들이 너를 도로 청하여 네게 갚음이 될까 하라(눅 14:12)

곡식을 벨 때에 밭 모퉁이까지 다 거두지 말라

사람에게는 약자를 이용하기 쉬운 타락한 인간의 본성이 있습니다. 약자를 보호하고 돌보려는 본성보다는 이용하고 군림하고자 하는 마음이 더 강합니다. 예나 지금이나 이런 본성들은 변함없이 내려오고 있습니다. 또한 사람에게는 민족적인 감정으로 인한 타국인에 대한 무시와 학대가 있습니다. 약소국에 대한 무시와 학대는 말할 수 없이 강합니다. 지배국은 지배당하는 나라의 백성들을 한낱 노리개 정도로 취급한 예는 수도 없이 많습니다. 칼이 지배했던 옛날만이 아니라 돈이 지배하는 오늘날도 이러한 학대는 자행되고 있습니다.

하나님은 약자의 편이십니다. 약자에 관심이 많으십니다. 때문에 약자를 괴롭히는 사람을 주목해 보십니다. 기억하십니다. 아울러 약자에게 은혜를 베푸는 사람을 눈여겨보십니다. 그에게 내리실 축복을 점검하십니다.

곡식을 벨 때에 밭 모퉁이의 것은 가난한 사람과 타국인을 위하여 베지 말고 남겨 놓으라고 하십니다. 떨어진 이삭은 줍지 말고 가난한 사람에게 주라고 하십니다.

내가 벌었으니 다 내 것이라고 하지 말고 모퉁이를 남겨 이웃을 돌아보아야 할 것입니다.

너희 땅의 곡물을 벨 때에 너는 밭 모퉁이까지 다 거두지 말고 너
의 떨어진 이삭도 줍지 말며(레 19:9)

음행하는 자들을 사귀지 말라

누구를 사귀느냐에 따라 인생이 결정됩니다. 어떤 사람을 가까이 하느냐에 따라 성공과 실패가 갈립니다. 아무리 조심을 한다 해도 생선시장에 가면 비린내가 몸에 배고, 향수 공장을 다녀오면 향기가 몸에 스며들게 되어 있습니다.

성공한 사람 열 분을 모서 놓고 그의 삶을 조명해 보면 분명히 그의 주변에는 좋은 친구가 있습니다. 실패한 사람 열 명을 모아 놓고 그의 주변을 살펴보면 분명히 나쁜 친구가 있습니다. 그러기에 아무나 가까이 하면 안됩니다. 친구는 신중하게 사귀어야 합니다. 잘못 고른 옷은 바꾸면 되지만 한 번 잘못 사귄 친구는 떨어지기가 쉽지 않습니다.

세상은 온갖 음행으로 가득 찬 곳입니다. 유행은 돌고 돌아 어느 시대는 세상을 뒤덮다가 어느 시대는 자취를 감추지만 음행은 노아시대나 지금이나 단 한 시대라도 자취를 감춘 시대가 없었습니다.

그러기에 항상 조심해야 합니다. 경계해야 합니다. 잘 살피고 가까이 하십시오. 그의 말을 들어보면 그를 알 수 있습니다. 행동을 보면 알 수 있습니다. 하늘나라의 백성은 하늘나라 백성으로 살아야 합니다.

이제 내가 너희에게 쓴 것은 만일 어떤 형제라 일컫는 자가 음행하거나 탐람하거나 우상 숭배를 하거나 후욕하거나 술 취하거나 토색하거든 사귀지도 말고 그런 자와는 함께 먹지도 말라 함이라(고전 5:11)

▪화(禍)▪가▪되▪는▪일▪

귀먹은 자를 저주하지 말라

남의 약점을 덮어 주고 감싸주는 사람이 있습니다. 그 사람의 약점을
보완해서 온전하도록 협력자가 되어 주는 사람이 있습니다. 남의 약점을
드러내고 아프게 하는 사람이 있습니다. 가지고 있는 약점만도 견디기 힘든
일인데 그 약점을 공격해서 기어이 쓰러뜨리는 잔악함이 사람의 본성
가운데 존재하고 있습니다.

가끔 프로권투를 시청합니다. 상대가 펀치에 맞아 눈이 찢어지면 계속해서
그 곳을 공격합니다. 1분간 쉬는 시간에 겨우 지혈을 하고 나오면 또다시
그 곳에 집중타를 날려 상대방을 곤혹스럽게 합니다. 물론 프로권투는
냉엄한 승부의 세계입니다. 어쩌면 이것이 당연한 지도 모릅니다. 그렇지만
프로권투가 아닌 우리의 삶에서도 사각의 링에서나 일어날 수 있는 일들이
너무나 많음에 가슴이 아픕니다.

정리해고로 직장을 잃은 사람의 얼마 안 되는 퇴직금을 사기하고, 장애의
슬픔을 딛고 모은 재산을 뺏어 가는 모습들을 봅니다.

보지 못하는 분의 눈이 되어 줍시다. 듣지 못하는 분의 귀가 되어 줍시다.
서로 돕는 세상이 천국의 모형입니다.

너는 귀먹은 자를 저주하지 말며 소경 앞에 장애물을 놓지 말고 네
하나님을 경외하라 나는 여호와니라(레 19:14)

행하는 자가 되고 듣기만 하여
자신을 속이는 자가 되지 말라

열 번을 들어도 행동으로 옮기지 않으면 아무 소용이 없습니다.

부모님의 말씀을 어지간히도 안 듣는 아들이 있었습니다. 듣기는 많이 하고

대답도 그때마다 하는데 막상 몸은 자리에서 떨어지지가 않았습니다.

마당에 곡식을 널어놓고 부모님이 아침 일찍 이웃 마을로 가셨습니다.

가시면서 아들에게 몇 차례 당부를 하셨습니다.

"마당에 곡식을 널어놓았으니 새소리가 나면 쫓고, 닭이 나와도 쫓아라."

물론 아들은 "예"하고 대답을 했습니다. 그러나 아들은 이내 대청마루에

등을 대고 누웠습니다. 새소리가 귓전에 들려 왔습니다. 새들이 곡식을

쪼아먹고 있었습니다. 그러나 아들은 일어나 새를 쫓아야지 하고 생각만

했습니다. 새소리가 점점 커졌습니다. 동네 새가 다 날아왔습니다. 뒤이어

닭소리도 들렸습니다. 얼마 후에는 돼지새끼 소리도 들렸습니다. 닭도

닭장을 뚫고 나오고 돼지새끼들도 우리를 빠져 나와 그야말로 동물농장을

이룬 것입니다. 여러분의 귀에도 새소리가 들리지 않습니까?

일찍 일어나세요. 닭소리가 들리지 않습니까? 돼지새끼 소리가 들리지

않습니까? 난장판이 되기 전에 행함으로 일하십시오

너희는 도를 행하는 자가 되고 듣기만 하여 자신을 속이는 자가 되
지 말라(약 1:22)

▪ 화(禍) ▪ 가 ▪ 되 ▪ 는 ▪ 일 ▪

두루 돌아다니며 사람을 논단하지 말라

세일즈맨이 아닌데도 두루 돌아다니는 사람이 있습니다. 세일즈맨은 물건을 팔기 위해 두루 돌아다니는데 이런 사람들은 헛소문을 팔러 다닙니다. 남의 허물을 팔러 다니고, 흉을 팔려 다닙니다.

두루 돌아다니며 험담하는 사람들은 예전에도 있었나 봅니다.

구약시대, 그것도 출애굽 당시에 주신 말씀이니 수천 년 전의 일입니다.

수다쟁이는 그 때에도 있었고 입방아는 광야에서도 잘 돌아갔나 봅니다.

떡방아는 명절 때만 잘 돌아가는데 입방아는 일년 내내 명절인 모양입니다.

입방아를 조심하십시오. 경계하십시오.

어릴 때 어머니를 따라 떡방앗간으로 갔습니다. 신기했습니다.

커다란 바퀴 같은 것들이 이리저리 얽혀 있고 크고 작은 벨트들로 연결되어 있었습니다. 원동기와 연결되어 있는 벨트를 걸자 갑자기 방앗간 전체가 요란하게 돌아가기 시작했습니다. 첫 번째 벨트를 걸기 전만 해도 다른 모든 것은 조용했는데 그 벨트가 걸리자마자 모든 것들이 요란하게 돌아간 것입니다. 입방아의 벨트를 잘못 걸면 전체가 시끄럽습니다.

그러나 좋은 말을 전하면 그로 인해 맛있는 떡이 생겨납니다.

너는 네 백성 중으로 돌아다니며 사람을 논단하지 말며 네 이웃을 대
적하여 죽을 지경에 이르게 하지 말라 나는 여호와니라(레 19:16)

악으로 악을 갚지 말라

사람은 당한 대로 갚습니다. 아니, 당한 것보다는 이자를 더 얹어서 앙갚음을 합니다. 사람의 머리는 이상해서 똑같은 기억력을 가지고도 남이 나를 해롭게 한 것은 기억도 잘하고 오래오래 잊어버리지도 않습니다. 그러나 은혜를 입은 것은 기억도 잘 안 하지만 오래 가지도 않습니다. 하나님께서 만들어 주셨을 때는 그렇지 않았는데 죄로 수술을 받은 후로는 구조변경이 되어버렸습니다.

변경된 구조를 원상 복구해야 합니다.

아파트 구조를 변경하는 가구가 많다고 들었습니다. 무게를 지탱해 주는 내력벽이 있고, 그저 칸막이 역할만 하는 비내력벽이 있는데 내력벽을 헐어내고 구조변경을 한 집은 붕괴의 위험이 있다는 것입니다. 자기 집만 무너져도 큰일인데 그로 인해 아파트 전체가 무너져 내리는 크나큰 재난의 원인이 되는 것입니다.

우리는 하나님의 성품인 내력벽을 헐어내고 마귀가 제공하는 보기에 그럴듯한 칸막이로 구조변경을 했습니다.

복구공사를 해야 합니다. 악으로 악을 갚지 말고 선으로 악을 이겨야 할 것입니다.

아무에게도 악으로 악을 갚지 말고 모든 사람 앞에서 선한 일을 도
모하라(롬 12:17)

▫화(禍)▫가▫되▫는▫일▫

에서의 자손과 다투지 말라

하나님께서는 이스라엘 자손이 가나안으로 들어가는 과정에서 싸워야 할 민족과 싸워서는 안될 민족을 구별하여 주셨습니다.

하나님의 백성인 우리들도 천국을 향하여 가는 과정에서 싸워야 할 세력이 있고 싸워서는 안될 세력이 있습니다. 이스라엘 자손이 싸워서는 안될 민족은 에돔 족속, 모압 족속, 암몬 족속이었습니다. 에돔 족속은 에서의 후손들입니다. 야곱의 형 에서는 세일산을 근거지로 살았고 그 후손들이 번성하였습니다. 그러기에 하나님께서는 에돔 족속의 땅을 이스라엘 자손의 소유로 주시지도 않았고, 싸움도 하지 않도록 하셨습니다. 모압과 암몬 족속은 아브라함의 조카 롯이 소돔성의 멸망을 피해 나온 후 두 딸과의 관계에서 이루어진 민족이었습니다. 그래서 하나님께서는 이 두 족속과도 싸우지 말라 하신 것입니다. 우리에게도 에돔이나 모압, 암몬같은 이웃들이 있을 것입니다. 나와 똑같지 않다는 이유로 다투거나 싸우는 것은 옳지 않다고 생각합니다. 반드시 싸우라고 지정해 주신 하나님의 대적 외에는 화해의 삶을 살아야 할 것입니다.

그리스도인과의 법정 싸움도 할 수 있는 한 피함이 좋을 것입니다.

그들과 다투지 말라 그들의 땅은 한 발자국도 너희에게 주지 아니하
리니 이는 내가 세일산을 에서에게 기업으로 주었음이로다(신 2:5)

위엣 것을 생각하고 땅엣 것을 생각지 말라

생각은 중요합니다. 생각하는 대로 행동이 따라가기 때문입니다. 좋은 생각을 하면 좋은 일로 이어지고, 나쁜 생각을 하면 나쁜 일이 발생합니다. 여러분은 어떻습니까? 생각 없이 불쑥 저질러진 일이 있습니까?

아무 생각도 안 했는데 등산을 간 일이 있습니까? 아무 생각 없이 택시를 세운 일이 있습니까? 몇 일 전부터 생각을 하고 계획을 세웠기에 등산을 갔을 것이고, 어딘가를 급히 가야겠다고 생각했기에 택시를 세웠을 것입니다.

생각이라는 씨앗은 생명이 있습니다. 생각이 들어 있으면 언젠가는 실행으로 이어집니다. 이집트의 무덤에서 발견된 완두콩이 3,000년을 지나 마르고 비틀어졌는데도 땅에 심자 싹을 내고 열매를 맺었다고 합니다. 생각도 완두콩처럼 생명력이 강합니다.

좋은 생각을 하세요. 아는 분이 "좋은 생각"이란 잡지를 발행하고 있습니다. 참 좋은 잡지입니다. 정서를 해치고, 세상의 유행과 괴상망측한 사건들만 다루는 잡지가 많은데 "좋은 생각"은 좋은 내용만 다루고 있습니다.

위엣 것을 생각하세요. 하나님이 좋아하실 생각, 예수님이 머리를 쓰다듬어 주실 만한 선한 생각을 하세요.

위엣 것을 생각하고 땅엣 것을 생각지 말라(골 3:2)

▪화(禍)▪가▪되▪는▪일▪

하늘의 일월성신을 섬기지 말라

하늘에서 펼쳐지는 아름다움은 그 어디에 비길 수 없습니다.

세계에 아름다운 곳이 많겠지만 그 규모나 변화나 장엄함에서 하늘을 능가할 곳은 없다고 생각합니다.

어렸을 때부터 하늘을 많이 보며 자랐습니다. 해발 1,000m가 넘는 곳에서 살았습니다. 눈을 들면 하늘이 보였습니다. 아침이면 눈부신 태양이 구름 속에서 솟아오르고 낮이면 갖가지 구름들이 수없이 그림을 그리고 또 지웠습니다. 저녁이 찾아오면 찬란한 노을이 서쪽 하늘에 작품을 그려 놓습니다. 세상 어디에 이처럼 장엄한 작품이 또 있겠습니까? 70mm 대형 영화를 보면서도 초대작, 스펙터클이라 부르는 것이 우습지 않습니까?

사진 촬영을 나서며 깊은 산 속에서 만나는 또 다른 하늘의 드라마는 가슴 벅찬 감동을 심어 줍니다. 그러나 이 모든 것이 누구의 작품입니까? 구름이, 태양이, 노을이, 초생달이 누구의 솜씨입니까?

어리석은 인생은 천지의 주인이신 하나님은 잊어버리고 태양과, 달과, 다른 피조물에 마음을 빼앗기는 어리석음을 드러냈습니다.

창조주 하나님을 찬양합시다.

또 두렵건대 네가 하늘을 향하여 눈을 들어 일월성신, 하늘 위의 군
중 곧 너희 하나님 여호와께서 천하 만민을 위하여 분정하신 것을
보고 미혹하여 그것에 경배하며 섬길까 하노라(신 4:19)

돈을 사랑치 말라

돈을 사랑하지 말라고 했습니다. 돈은 좋은 애인이 되지 못합니다.
돈은 배신을 잘합니다. 죽도록 사랑했던 사람에게서 배신을 당한 것
이상으로 쓰린 경험은 없을 것입니다. 그런데 돈은 아주 달콤한 애인 같은데
배신을 잘합니다. 돈은 아무 품안에도 안깁니다. 나만 사랑하지 않습니다.
돈은 돌아다닙니다. 돈다고 해서 돈이라고 말하기도 합니다. 돈을 사랑하면
돈다고 합니다. 돌아버린다는 것입니다.

돈을 사랑하다 돌아버린 사람을 매일 만납니다. TV 뉴스에서 만나고
신문에서 만납니다. 남편을 살해하기도 하고 부인을 사람을 시켜서 죽이고
보험금을 노리기도 합니다. 돈은 부모를 죽일 만큼 사람을 돌게 만들어
버립니다. 돈은 좋은 애인이 되지 못합니다. 그러나 돈은 좋은 친구가
됩니다. 친구를 잘 사귀면 여러 면에 도움이 되듯이 돈을 좋은 친구로
사귀면 여간 유익하지 않습니다.

돈은 쫓아가면 도망간다고 합니다. 욕심을 내면 되돌아서서 문다고 합니다.
그러나 냉정하게 대하면 자꾸 붙어서 치근댄다고 합니다. 돈을 많이 못
벌어봐서 모르긴 하지만 돈이 애인이 아닌 것은 분명한 것 같습니다.

돈을 사랑치 말고 있는 바를 족한 줄로 알라 그가 친히 말씀하시기
를 내가 과연 너희를 버리지 아니하고 과연 너희를 떠나지 아니하
리라 하셨느니라(히 13:5)

간음하지 말라

이 책을 읽는 분들은 간음죄를 짓는 분은 없으리라고 믿습니다.

간음은 남편이나 아내가 가정을 버리고 또 다른 짝을 사랑하고 몸과 마음을 바치는 악한 행위입니다.

그렇지만 신약에 와서 예수님은 간음죄에 대한 새로운 해석을 내리셨습니다. 여자를 보고 마음에 음욕을 품으면 간음함이라고 하셨습니다. 예수님도 참 너무하신다는 생각도 해봅니다.

오늘날 미니스커트를 입은 여성들이 얼마나 많고, 오히려 의도적으로 몸을 드러내고 유혹하는 사람이 온 세상에 깔려 있는데 어찌 마음으로도 음욕을 품으면 간음함이라 하시니 어찌 눈을 뜨고 살아갈 수 있겠습니까?

그러나 이 말씀은 본능적으로 들어오는 생각을 탓하는 것은 아니라고 생각합니다. 음욕을 품기 위해서 여자를 보거나 여자를 보고 음욕을 자극하는 자들에 대한 말씀이라고 생각합니다.

스치는 생각이 문제가 아니라 의도적인 생각과 행위를 목적한 생각이 문제라고 생각합니다.

더 심각한 영적 간음은 하나님 외에 다른 신을 섬기거나 믿는다고는 하나 하나님보다 세상을 더 사랑하는 변질된 믿음이 아닌가 합니다.

간음하지 말지니라(출 20:14)

지도자라 칭함을 받지 말라

사람은 지도자라 칭함 받기를 좋아합니다. 대체로 마음이 채워지지 않은 분들이 그렇습니다. 마음이 기쁨으로 채워져 있지 못하고, 만족으로 채워져 있지 못할 때 남들로부터 받는 존경과 대우를 기대하게 됩니다.

북한의 체제를 보면 "위대한 지도자"라는 호칭을 쓰고 있습니다. "위대한 지도자가 아닌 거대한 가난 제조자"인데도 지도자라고 호칭하고 또한 그렇게 추앙 받기를 즐겨하고 있습니다. 마음이 허전해서 그렇습니다. 공허해서 그렇습니다. 온 국민이 엎드려 절하고 눈물까지 흘리며 "위대한 지도자"라고 받들어 주어도 참 지도자를 마음에 모시지 못했기에 오늘도 길을 찾지 못하고 어둠을 헤매고 있는 것입니다.

지도자라 칭함을 받지 마십시오 지도자는 오직 예수 그리스도라 하셨습니다. 예수 그리스도를 마음에 모신 자만이 참 평안과 만족이 있습니다. 부러울 것이 없습니다. 그러니 지도자라 칭함을 받지 않아도 기쁨이 있습니다. 공허함이 없습니다.

역사를 살아간 숱한 인물들이 있습니다. 세계를 정복하고 다스린 황제도 있습니다. 그들의 말 한마디에 날아가는 새도 떨어지고 그들의 눈빛 하나에 운명이 결정되었습니다.

▪화(禍)▪가▪되▪는▪일▪

그러나 그들이 모두 탄식으로 삶을 마감한 것은 지도자가 아닌 자신이

지도자 노릇을 했던 허구에서 비롯된 것입니다.

오직 예수님만이 지도자이십니다.

> 또한 지도자라 칭함을 받지 말라 너희 지도자는 하나이니 곧 그리
> 스도니라(마 23:10)

우상에 입힌 은이나 금을 탐내지 말라

귀한 물건이 천한 곳에서 쓰여지면 천하게 되어버립니다.

금은 귀합니다. 금으로 성구를 만들면 최고의 가치가 부여됩니다.

금으로 반지를 만들면 귀한 예식에 쓰여집니다. 금으로 목걸이를 만들면 아름다운 여인의 목에 걸려집니다.

그러나 금으로 우상을 만들면 가증한 물건이 되고 맙니다.

이스라엘 백성은 똑같은 금으로 법궤나 촛대를 만들어 하나님이 거하시는 성막에 모셔 두기도 했지만 금송아지를 만들어 하나님의 진노를 사기도 했습니다.

아무리 귀한 것이라도 가증한 곳에 사용된 것은 탐내지 말아야 합니다.

우상에 입힌 금은 가증한 존재로 바뀐 것입니다. 영원불변한 금의 가치와 순수성이 변하여 더럽고 추하고 가증한 무가치한 것으로 낮아져 버린 것입니다. 그러기에 그 금을 탐내어 취하는 것은 잘못입니다.

하나님께서 우리에게 주신 모든 것은 귀한 것입니다. 그러나 이것들을 세상을 위해 사용하면 추하게 되는 것입니다.

하나님의 영광을 위해 사용해야 합니다.

너는 그들의 조각한 신상들을 불사르고 그것에 입힌 은이나 금을 탐내
지 말며 취하지 말라 두렵건대 네가 그것으로 인하여 올무에 들까 하노
니 이는 네 하나님 여호와의 가증히 여기시는 것임이니라(신 7:25)

▪화(禍)▪가▪되▪는▪일▪

오직 믿음으로 구하고 조금도 의심하지 말라

사랑하는 사람이 두 마음을 품고 있다면 용납할 수 없을 것입니다.
내 앞에 와서는 나만 사랑한다고 하고서는 돌아서 나가면 또 다른 사람에게
같은 고백을 한다고 생각해 보십시오 그런 사람과 일생을 함께 할 수
있겠습니까? 오늘은 나를 만나 장래 일을 이야기하고, 내일은 나 아닌 또
다른 사람을 만나 장래를 의논한다면 용납할 수 있겠습니까?

우리의 삶이, 우리의 믿음이 두 마음을 품고 있는 사람이 아닌가 생각해
봅니다. 오늘은 하나님 앞에 엎드려 "이것을 주실 줄 믿습니다" "이렇게
살겠습니다" 해놓고는 돌아서서 세상을 향해서는 "과연 그것을
주실까?"라고 의심하고 "이렇게 살겠습니다"가 변하여 또다시 옛 삶을 사는
것이 우리의 삶이 아닌가 합니다.

베드로가 옥에서 풀려나기를 간절히 기도하던 제자들이었지만 막상
베드로가 천사의 인도로 쇠사슬을 풀고 기도처의 문을 두드렸을 때 그럴
리가 없다고 의심했던 제자들의 모습을 우리도 살고 있지 않습니까?

한나처럼 주의 종의 말을 듣고 얼굴의 수색을 지우고 응답을 확신하며,
"다만 말씀으로만 하옵소서 종의 병이 나으리이다"하는 백부장의 순수한
믿음이 우리에게 있어야 하겠습니다.

자! 믿음의 빗자루를 들고 의심이라는 쓰레기를 쓸어내십시다.

오직 믿음으로 구하고 조금도 의심하지 말라 의심하는 자는 마치
바람에 밀려 요동하는 바다물결 같으니 이런 사람은 무엇이든지 주
께 얻기를 생각하지 말라(약 1:6)

▪화(禍)▪가▪되▪는▪일▪

너희 진주를 돼지 앞에 던지지 말라

진주처럼 순수한 보석은 없습니다. 다이아몬드는 화려하고, 에메랄드나 루비는 신비한 빛을 가지고 있습니다. 그러나 진주가 풍겨내는 순결은 없습니다. 그래서 다른 모든 보석은 어울리는 사람이 있고 어색한 사람이 있습니다. 다이아몬드가 좋긴 해도 어울리지 않는 얼굴이 있고 어색한 연령층이 있습니다. 어울리는 장소가 있고 어색한 장소가 있습니다. 그러나 진주는 그렇지 않습니다. 진주는 누구에게나 어울립니다. 진주는 꽃다운 젊은이에게도 어울리고, 세월의 깊은 골이 파인 노인에게도 어울립니다. 어느 장소, 어떤 분위기에도 진주는 순결한 빛으로 어울려 줍니다.

왜 그렇습니까? 진주는 엄청난 고난을 통해 만들어졌기 때문입니다.

복음은 진주입니다. 복음은 예수 그리스도이십니다. 예수 그리스도는 고난을 통해 빛나는 진주십니다. 복음의 진주는 어느 시대, 어느 장소, 어느 계층, 어떤 곳에서도 빛을 발해 왔습니다. 이 진주를 찾아 소유한 나라가 복을 받았습니다. 진주를 모신 가정이 천국이 되었습니다. 죄인이 의인이 되고 사망이 생명이 되었습니다.

진주를 돼지 앞에 던져서는 안됩니다. 세상에 내던져서는 안됩니다. 진주를 귀하게 여겨야 복을 받습니다.

거룩한 것을 개에게 주지 말며 너희 진주를 돼지 앞에 던지지 말라 저희가 그것을 발로 밟고 돌이켜 너희를 찢어 상할까 염려하라(마 7:6)

너희는 서로 수군거리지 말라

수군거리는 사람은 대개 좋지 않은 말들을 할 때 그렇습니다. 남의 흉을
보거나 비방할 때 수군거립니다. 좋지 않은 계획을 세울 때 수군거립니다.
여러분들은 수군거려본 적이 없습니까? 아마도 수군거려 보지 않은 사람은
없을 것입니다. 우리는 모두 수군거림 죄의 전과자들입니다.

그러면 어떤 일로 수군거렸었는지 기억을 더듬어 보십시다.
좋은 일로 수군거린 적이 있었나요? 밝고 긍정적인 일로 수군거린 일이
있나요? 아닐 것입니다.
예나 지금이나 사람은 좋지 않은 일들로 수군거리게 되어 있습니다.
제비가 새끼에게 주려고 먹이를 찾아 날아다니듯 입방아를 찧을 소재를
찾아 이리저리 날아다니다 하나를 얻으면 쏜살같이 달려와 소재를
꺼내놓습니다. "누가 어쨌대, 아 글쎄 아무개 집사가 저쨌대."

예수님 주변에도 어김없이 수군거리는 무리들이 있었습니다.
하나님의 아들이 계신 곳, 진리가 계신 곳, 생명의 말씀이 흘러나오는
현장에도 수군거리는 무리들이 있었습니다.

"나는 하늘로서 내려온 생명의 떡이다"라는 예수님 앞에 유대인들은
수군거렸습니다. "저가 요셉의 아들 예수가 아니냐 그 부모를 우리가

▪화(禍)▪가▪되▪는▪일▪

아는데 어째서 하늘에서 내려왔냐"는 것입니다.

믿음이 없으면 수군거립니다. 오늘부터 입방아를 멈추고 복방아를

찧읍시다.

예수께서 대답하여 가라사대 너희는 서로 수군거리지 말라(요 6:43)

도적질하지 말라

누구나 욕심이 있습니다. 욕심을 잘 다스리면 선의의 경쟁이 되어 발전을
가져옵니다. 그러나 욕심을 잘 다스리지 못하면 실패의 원인이 됩니다. 특히
물질에 대한 욕심은 다스리기가 힘든 욕심 중의 하나입니다.
어릴 때 논에서 모내기를 하면 거머리가 종아리에 달라붙어 피를 빨아
먹습니다. 무섭고 징그러워서 손으로 떨어 버려도 쉽게 떨어지지 않습니다.
이럴 때는 흙을 한줌 집어서 세게 문질러 주면 떨어집니다. 들에는
도깨비풀이 있습니다. 그 풀을 지나오면 온몸에 도깨비풀이 붙습니다.
도깨비풀은 끈끈이 같은 발이 많이 달려 있어서 온몸에 붙으면 떼어내기가
보통 힘들지 않습니다.

물질에 대한 욕심도 거머리 같고, 도깨비풀 같다고 생각합니다.
붙기는 잘하지만 떼어내는데는 여간 어렵지 않습니다.
물질에 대한 욕심이 발전하면 도적질로 이어집니다. 욕심이 생기는 것은
어쩔 수 없겠지만 욕심이 커지도록 방치해서는 안될 것입니다.
손톱이 길어지면 잘라내듯이 욕심이 길어지지 않도록 언제나 조심해야 할
것입니다.

도적질하지 말지니라(출 20:15)

지체를 불의의 병기로 죄에게 드리지 말라

퇴근길에 술에 만취하여 비틀거리는 사람을 만났습니다. 그 사람은 귀중한 지체를 죄에게 드린 것입니다. 전철을 타고 오다 전도지를 건네주며 활짝 웃으시는 할머니를 만났습니다. 그 분은 세월이 고운 모습을 뺏어 가고 주름살로 대신 채웠지만 몸을 의의 병기로 드려 향기를 발하고 있었습니다. 사람은 누구나 어딘가에 자기 몸을 드리고 있습니다. 도구로 제공하고 있습니다. 술에 몸을 드리는 사람이 있습니다. 도박에 몸을 드리는 사람이 있습니다. 세상의 헛된 영광에 몸을 드리는 사람이 있습니다. 마귀가 모집하는 광고를 보고 찾아가는 사람들이 많습니다.

하나님의 영광을 위하여 몸을 드리는 분이 있습니다. 주의 종들이 그렇습니다. 그래서 주의 종들이 가장 귀한 것입니다. 선교를 위해 몸을 드리는 선교사님들이 많습니다. 참으로 금보다 귀한 분들이십니다. 교회를 위해, 이웃을 위해, 나라를 위해 몸을 드리는 분들이 있습니다. 그분들로 인해 삶이 지탱되고 있는 것입니다.

나는 지금 어디에 몸을 드리고 있습니까? 내 몸은 무엇을 위해 어떤 도구로 쓰여지고 있습니까? 혹시 불의의 병기로 쓰여지고 있다면 속히 돌아서십시오. 의의 병기가 되어 하나님께 영광을 돌리시기 바랍니다.

또한 너희 지체를 불의의 병기로 죄에게 드리지 말고 오직 너희 자
신을 죽은 자 가운데서 다시 산 자 같이 하나님께 드리며 너희 지
체를 의의 병기로 하나님께 드리라(롬 6:13)

우상에게 절하거나 섬기지 말라

직원들과 함께 설악산 등반길을 나섰습니다. 오색에서 1박을 한 후
새벽입김을 내뿜으며 산길을 올랐습니다. 가장 빠르긴 하지만 또 가장
가파른 코스를 숨이 턱에 차도록 올랐습니다. 처음 대청을 오르는 직원은
얼굴이 하얗게 질려 주저앉기도 했지만 서로가 격려하며 짐을 져주면서
올랐습니다. 드디어 대청을 올라 절경을 내려다보며 그간의 고생을
잊었습니다. 내려오는 코스는 천불동 계곡을 지나 설악동이었습니다.
천불동을 내려오며 경치는 좋았지만 왜 하필이면 천불동 계곡이라고
이름을 지었을까 아쉬워했습니다. 천불동은 천 개의 불상이라는 뜻입니다.
기기묘묘한 봉우리들이 천 개가 있는데 그 모습들을 불상으로 본 것입니다.
제 눈에는 전혀 그렇지 않은데 왜 그랬는지 모릅니다. 가슴이 답답하고
충격적인 사건은 설악동에 도착하고 나서였습니다. 웬만한 건물크기는 되어
보이는 엄청난 크기의 불상이 설악동 입구를 막고 있었습니다. 절경을
감상하며 하나님을 찬양하고 내려오던 직원들의 얼굴이 굳어지는 것을
보았습니다. 하나님께서 우리 나라를 어떻게 보실지 모두가 걱정했습니다.
불상 앞에는 불자는 물론이고 일반 등산객도 머리를 조아리고 있었습니다.
우상이 이 땅에서 물러가야 합니다. 진정 물러가야 합니다.

그것들에게 절하지 말며 그것들을 섬기지 말라 나 여호와 너의 하
나님은 질투하는 하나님인즉 나를 미워하는 자의 죄를 갚되 아비로
부터 아들에게로 삼 사대까지 이르게 하거니와(출 20:5)

▪화(禍)▪가▪되▪는▪일▪

혼인을 귀히 여기고 침소를 더럽히지 말라

오늘 낮에 결혼식을 다녀왔습니다. 예식장에는 1시간 간격으로 결혼식이 이어지고 있었습니다. 마치 신혼부부 생산공장 같았습니다. 기독교인의 결혼식도 있었고 불신자의 결혼식도 있었습니다. 분명히 차이는 있었지만 어딘지 모르게 결혼 예식이 성스럽고 순결하다기보다는 가벼워 보였습니다. 기쁨의 장소인 만큼 다소 가벼운 느낌이야 별로 문제가 될 것은 없을 것입니다. 그러나 요즘은 혼인 자체를 가볍게 여기는 사람이 많은 것이 문제입니다. 영원한 약속이기보다는 살아보고 서로 이상이 맞으면 계속 살고, 맞지 않으면 미련 없이 헤어진다는 조건으로 혼인을 한다는 사람도 있다고 하니 가히 위기의 시대입니다. 걸핏하면 이혼하고, 수틀리면 도장찍는 부부가 날로 더해가고 있습니다. 마치 옷을 사 입듯이 몸에 맞으면 입고 안 맞으면 바꿔 입는 사람들이 많습니다. 차마 주위의 이목과 체면 때문에 갈라서지는 않더라도 남남처럼 포기하고 사는 사람도 있습니다. 노력도 없이, 희생도 없이 말입니다. 침소는 아름다움과 추함이 공존하는 곳입니다. 사랑으로 맺어지는 침소는 아름다운 꽃밭이지만, 욕정으로 맺어지는 침소는 추한 뒷골목이 되는 것입니다.
혼인은 거룩한 예식입니다. 침소는 향기로운 꽃밭입니다.

모든 사람은 혼인을 귀히 여기고 침소를 더럽히지 않게 하라 음행
하는 자들과 간음하는 자들을 하나님이 심판하시리라(히 13:4)

형제 자매가 이방신을 섬기자고 해도 듣지 말라

하나님의 말씀에는 중간색이 없습니다. 회색이 없습니다. 검은 것은 검고, 흰 것은 희다고 말씀하십니다. 할 것은 하라 하시고 하지 말 것은 아니라고 하십니다. 눈치껏 해라도 없고, 적당히 상황 봐서 하라도 없습니다. 지금껏 여러 가지 하나님의 명령들을 살펴보면서 어물어물 넘어가는 명령이 없었습니다. 우물쭈물 망설이는 말씀도 없었습니다. 분명하고 확실하셨습니다. 가족은 가장 가까운 사이입니다. 하나님께서는 가족을 가장 귀하게 여기십니다. 형제도, 자녀도, 아내도, 남편도, 모두 피를 나눈 뗄 수 없는 관계를 가진 사이입니다. 그러나 하나님의 말씀은 지극히 단호하십니다. 이 가족들 중에 누구라도 열조가 알지 못하는 다른 신들, 곧 이방신을 섬기자고 하면 용서 없이 그를 죽이라는 것입니다. 그를 좇지 말며 듣지 말며 긍휼히 보지 말며 애석히 여기지 말며 덮어 숨기지 말고 용서 없이 죽이라고 하십니다. 물론 오늘날 법치국가에 사는 우리가 이대로 행할 수야 없겠지요. 그러나 그만큼 이 일은 중요하다는 뜻일 것이며 이방신을 섬기자고 하는 사람은 이미 하나님의 심판으로 죽은 자나 다름없을 것입니다. 하나님의 절대 명령!

하나님 외에 다른 신을 섬기는 것보다 더 큰 죄는 없습니다.

네 동복형제나 네 자녀나 네 품의 아내나 너와 생명을 함께 하는
친구가 가만히 너를 꾀어 이르기를 너와 네 열조가 알지 못했던 다
른 신들...너는 용서 없이 그를 죽이되...(신 13:6~9)

▫화(禍)▫가▫되▫는▫일▫

성령을 소멸치 말라

새벽 예배에 기도 순서를 맡았습니다. 몇 일 전부터 준비를 하고 조바심을 했습니다. 전날 저녁에는 알람시계를 몇 번이나 확인하고 자리에 누웠습니다. 쉽게 잠을 이루지 못하다가 늦게야 잠이든 모양입니다. 얼마를 잤을까 눈이 떠져서 시계를 보았습니다. 새벽 2시였습니다. 아직 시간이 있으니 잠을 청했습니다. 이번에도 몇 번을 뒤척이다 잠이 들었습니다. 또 얼마를 잤을까 눈이 떠졌습니다. 다시 시계를 들여다보았습니다. 새벽 3시를 조금 넘어서고 있었습니다. 다시 알람을 확인하고 잠을 청했습니다. 그러다 이상한 예감이 머리를 스쳤습니다. 반사적으로 따로 두었던 손목시계를 들여다보았습니다. 아뿔사! 4시 30분을 넘어서고 있었습니다. 소스라치게 놀라 거실로 뛰어나와 벽시계를 보았습니다. 어김없이 4시 30분을 지나고 있었습니다. 훈련소에서 익힌 경험을 총동원하여 순식간에 차려입고는 교회로 내달았습니다. 걸음아 날 살려라. 눈썹이 휘날리게 뛰어 겨우 10분전에 도착할 수 있었습니다.

오늘의 주범은 알람시계입니다. 건전지가 소멸되어 제대로 돌아가지 않은 것입니다. 알람시계의 건전지가 소멸되어도 삶의 낭패가 일어나는데 성령이 소멸된다면 삶이 어떻게 되겠습니까?

항상 성령의 건전지를 점검해야 하겠습니다.

성령을 소멸치 말며(살전 5:19)

여호와의 이름을 망령되이 일컫지 말라

제가 시골에서 자랄 때 친구간에 제일 큰 욕은 상대방의 아버지 이름을
부르는 것이었습니다. 웬만한 욕은 참아 넘겨도 아버지의 이름을 함부로
부르는데는 더 이상 참지 못하고 싸움을 했습니다. 개나 여러 가지 동물을
빗대서 하는 욕들은 참았지만 아버지의 권위를 아이들의 입장으로
비하시켜서 이름을 불러대는 일은 참을 수 없는 일이었습니다.

하물며 창조주 하나님과 피조물인 인간, 심판주 하나님과 멸망 받을 인간,
거룩하신 하나님과 죄인된 인간의 비교할 수도 없는 관계에서 하나님을
망령되이 일컫는 것은 크나큰 잘못일 것입니다.

히브리 원어의 "망령되이"란 말의 뜻은 "헛되이"란 뜻에도 가깝다고 합니다.
믿음이 없는 형식적인 기도, 자기 자신을 높이기 위한 목적의 설교나 선행,
이기적인 목적의 신앙생활, 형식적인 예배 등이 하나님의 이름을 헛되이
부르는 것이라고 합니다. 그러고 보면 대놓고 하나님을 욕하고 비방하지는
않았다 해도 우리의 신앙생활에서 상당부분 하나님의 이름을 망령되이
일컫지 않았나 생각합니다.

오늘날에도 경종을 울려주시는 하나님의 말씀입니다.

너는 너의 하나님 여호와의 이름을 망령되이 일컫지 말라 나 여호와는
나의 이름을 망령되이 일컫는 자를 죄 없다 하지 아니하리라(출 20:7)

▪화(禍)▪가▪되▪는▪일▪

여러 가지 다른 교훈에 끌리지 말라

교훈이 많습니다. 배워야 할 것이 많습니다. 그러나 정작 가장 중요한
교훈은 하나입니다. 여호와를 경외하는 것이 지식의 근본이라 하셨습니다.
세상의 교훈들은 우리에게 약간의 유익을 줍니다. 때에 따라 편리함을
주기도 합니다. 그러나 그것들이 우리를 지탱해 주는 힘은 되지 못합니다.
여호와를 경외하는 지식이 있으면 모든 것에 유익합니다. 여호와를
경외하는 것은 Master Key를 가지고 있는 것과 같습니다. 닫혀 있는 모든
문을 열 수 있기 때문입니다. 행복도, 축복도, 마음의 평안도, 구원도, 천국도
열 수 있는 지식입니다. 세상이 악해지면서 다른 교훈들이 쏟아져 나오고
있습니다. 하나님을 가까이 하게 하는 지식들이 아니라 하나님을 멀리
떠나게 하는 지식이요, 하나님께 등을 돌리게 하는 지식이 많습니다.
말세가 되면 "사람이 바른 교훈을 받지 아니하며 귀가 가려워서 자기의
사욕을 좇을 스승을 많이 두고 또 그 귀를 진리에서 돌이켜 허탄한
이야기를 좇으리라"고 디모데에게 경고의 메시지를 던지고 있습니다.
주위를 살펴보십시오 지금 내가 끌려가는 지식은 어디인가요? 출세인가요?
성공인가요? 명예인가요? 지금 내가 끌려가는 교훈은 어디인가요?
여호와를 경외하는 지식으로 세상을 정복해야 할 것입니다.

여러 가지 다른 교훈에 끌리지 말라 마음은 은혜로써 굳게 함이 아
름답고 식물로써 할 것이 아니니 식물로 말미암아 행한 자는 유익
을 얻지 못하였느니라(히 13:9)

이방사람이나 그들의 신과 언약하지 말라

누구나 새로운 것에 대한 호기심이 있습니다. 관심이 있고 알고 싶어합니다.
특히 언어나 풍습이 다른 타민족에 대한 호기심은 더욱 큽니다. 그래서
별것 아닌 장식품도 색다르게 보이고 별것 아닌 문화도 신기하게 보입니다.
갖고 싶고 알고 싶어합니다. 외제를 좋아하는 마음도 이런 것에서 비롯되고,
외제라면 모두 좋아 보이는 것도 이런 심리에서 나온 것일 것입니다.
우리 것이 월등하게 좋은데도 자꾸만 시선을 바깥으로 돌리는 마음들이
안타깝습니다.

이스라엘이 가나안 땅으로 들어가게 되었습니다. 거기에는 일곱 족속들이
살고 있었습니다. 그들의 문화, 그들의 신들, 그들의 풍속, 그들의 장신구들,
그들의 생활이 신기하기도 하고 호기심도 있었을 것입니다.

그러나 그들의 문화는 악한 문화였습니다. 그들의 신은 우상들이었습니다.
그들의 풍속은 음란했습니다. 그들의 삶은 하나님을 진노케 하는
삶이었습니다. 그런데도 이스라엘은 그것들이 좋게 보이고 신기해
보였습니다. 배우고 싶고, 따라하고 싶었습니다.

하나님께서는 엄히 경계하십니다. 그들과도 언약하지 말고 그들의 신과도
언약하지 말라고 하셨습니다. 그것들이 올무가 되어 멸망으로 이끌려 가게
될 것이기 때문입니다. 하나님 외에 다른 신은 없습니다.

너는 그들과 그들의 신과 언약하지 말라(출 23:32)

성령을 근심케 하지 말라

하나님은 인격체이십니다. 그 안에 인격이 내재하고 계십니다. 영원 전부터
스스로 계신 분이시며 만물을 창조하신 분이십니다.

하나님의 아들 예수 그리스도도 인격을 가지셨고, 오늘날 우리를 도우시는
성령도 인격체이십니다. 세상의 다른 신들과는 근본부터가 다릅니다.

세상의 신들은 인격이 없습니다. 생각도 못하고, 기뻐하고 슬퍼하는 것도,
근심하는 것도 없습니다. 움직일 줄도 모릅니다. 사람이 만든 대로 생김새가
결정되고, 사람이 갖다 놓은 자리에서 썩어 없어질 때까지 아무것도 못하고
그대로 있습니다. 파리가 앉아도 쫓지 못하고, 새가 머리에 앉아 배설해도
아무런 저항도 못합니다.

지금은 성령께서 일하시는 시대입니다. 우리를 도우시고 지키십니다.
기도하게 하시고, 말씀을 들을 때 감동을 주시고 낙심할 때 위로하시고 힘이
없을 때 용기를 주십니다. 믿음대로 살아갈 때 기뻐하시고, 내 맘대로
살아갈 때 근심하십니다.

부모는 자녀가 하는 대로 때로는 뛸 듯이 기뻐하고, 때로는 뼛속까지 깊이
근심합니다. 가난으로 오는 근심, 질병으로 오는 근심, 실직으로 오는
근심보다 자녀가 잘못된 길로 갈 때 하는 근심이 가장 고통스러운
근심입니다.

하나님의 자녀가 세상으로 방황할 때 성령께서 얼마나 고통하며

근심하실까요? 성령님을 기쁘시게 해드립시다.

하나님의 성령을 근심하게 하지 말라 그 안에서 너희가 구속의 날
까지 인치심을 받았느니라(엡 4:30)

▪화(禍)▪가▪되▪는▪일▪

거짓 증거 하지 말라

십계명 가운데서 두 계명은 혀로 말미암아 나타나는 죄악을 말씀하고 있습니다. 즉 하나님의 이름을 망령되이 일컫지 말라는 제3계명과 이웃에 거짓 증거를 하지 말라는 제9계명입니다. 혀에 대한 죄악을 경계하신 말씀이 성경에 특별히 많이 나타나고 있는 것을 볼 때에 이 두 계명은 엄중한 경고로 보아야 할 것입니다.

인간 사회가 동물의 집단보다 비할 수 없이 높은 차원을 가지고 있는 것은 언어의 힘을 부인할 수 없습니다. 언어가 없이는 인간사회의 형성이 불가능합니다. 한 번 실험을 해보십시오 말을 하지 않고 몇 일을 가정생활, 직장생활, 교회생활을 할 수 있겠습니까?

이토록 중요한 언어의 목적이 올바로 달성되기 위해서는 반드시 진실성이 따라야 합니다. 말에는 신용이 따라야 합니다. 진실이 빠진 언어는 건물의 기둥들을 하나하나 빼어내는 것과도 같습니다. 그리하면 개인의 인격이 무너지고, 가정과 사회가 무너져 내립니다.

"거짓말은 다리가 없다"라는 격언이 있습니다. 거짓말은 또 다른 거짓말의 부축을 받아야 움직일 수 있습니다. 한 번의 거짓은 그 거짓을 뒷받침하기 위해 계속적인 거짓이 따른다는 것입니다. 하나님께서 주신 혀의 권세를 진리를 말하는 데 사용하고, 거짓에서는 떠나야 할 것입니다.

네 이웃에 대하여 거짓 증거 하지 말지니라(출 20:16)

▪순▪종▪의▪열▪매▪Ⅱ▪

시련하려고 오는 불시험을 이상히 여기지 말라

시험을 만나면 대개 당황합니다. 갑자기 문제를 당하면 놀라고 당황합니다.
준비되어 있지 않은 일을 당할 때 사람은 누구나 그렇습니다.

어릴 때 이웃 마을 선생님 댁으로 심부름을 갔습니다. 문을 열고 들어서다
기겁을 했습니다. 송아지 만한 이상하게 생긴 짐승과 정면으로
맞닥뜨렸습니다. 생김새가 괴이하기 짝이 없고 무섭기가 도깨비보다 한 수
위였습니다. 입을 어디에 세게 부딪혀 뭉개졌는지 납작해지고 그 사이로
날카로운 이빨이 튀어나와 있었습니다. 나중에 알고 보니 불독이라는
개였습니다. 귀여운 바둑이만 보았던 제가 이런 괴상한 녀석과 정면으로
맞닥뜨렸으니 오금이 저릴 수밖에 없었지요. 앞으로 가지도 못하고,
그렇다고 뒤를 보일 수도 없는 절대절명의 순간에 선생님이 나오셔서
위기를 넘겼습니다. 그 때를 생각하면 지금도 식은땀이 흐릅니다.

불시험은 불독과도 같이 무섭게 으르렁거리며 우리를 시험할 때가
있습니다. 그러나 이상히 여기지도, 두려워하지도 말라고 하십니다.
그로 인해 하나님께 영광이 돌려지고 우리는 성숙하여 기쁨의 열매를 맺게
된다고 하셨습니다.
사실 그 불독은 든든한 쇠줄에 묶여 있었고 주인의 명령 없이는 물지도
않는다고 했습니다.

∙ 화(禍) ∙ 가 ∙ 되 ∙ 는 ∙ 일 ∙

불시험은 하나님의 쇠줄에 묶여 하나님의 명령이 없이는 우리를 해치지 못합니다.

시험을 통해 연단하시고 복을 주시는 하나님께 감사합니다.

사랑하는 자들아 너희를 시련하려고 오는 불시험을 이상한 일 당하는 것같이 이상히 여기지 말고(벧전 4:12)

소경 앞에 장애물을 놓지 말라

약자를 이용하기 쉬운 타락한 인간의 본성이 우리에게 있습니다.
언제나 남의 밑에서 억눌려 지내던 사람이 어쩌다 자기보다 더 못한 사람을
만나면 도와주고 불쌍히 여길 것 같은데, 오히려 자신의 울분과 쌓인 감정을
거기에 퍼부을 확률이 더 많습니다. 이 세상에 어려운 삶을 살아가는
사람들이 많습니다. 그 중에서도 시각 장애자가 가장 어렵다고 생각합니다.
아무것도 볼 수 없는 답답함, 가족도 사랑하는 아내나 자식도 볼 수 없는
메울 수 없는 절망, 꽃이 피어도 새가 울어도 뭉게구름이 피어올라도 찬란한
무지개가 솟아올라도 볼 수 없는 그들입니다. 아침도 밤이요, 정오도 밤인
그들입니다. 온 국민이 월드컵 열풍에 TV 앞에 앉아 있는 시간! 그들은 무엇
앞에 앉아 있을까요? 물론 그들에게도 눈으로 볼 수 없는 신비의 세상이
있겠지요. 하나님께서는 우리가 보지 못하는 것들을 그분들에게 주시리라
믿습니다. 약자를 이용하는 사람이 있습니다. 그렇지만 약자의 고통을 안아
주는 사람도 많습니다. 험한 세상에 다리가 되어 발이 되어 주고 눈이 되어
주는 사람들이 지금도 이름도 없이 빛도 없이 일하고 있습니다. 소경 앞에
장애물을 놓지 맙시다. 소경 앞에 돌을 치워 주고, 다리를 놓아 줍시다.

너는 귀먹은 자를 저주하지 말며 소경 앞에 장애물을 놓지 말고 네
하나님을 경외하라 나는 여호와니래(레 19:14)

▪화(禍)▪가▪되▪는▪일▪

핍박하는 자를 축복하고 저주하지 말라

때로 하나님께서는 우리가 하기 힘든 일을 요구하시기도 합니다. 나를
핍박하는 사람을 도리어 축복하고 저주하지 말라는 요구이십니다. 내가
성자라면 모르겠지만 성자는커녕 부족하기만 한 내가 어떻게 그럴 수
있겠습니까? 내게 은혜를 베풀고 도와주는 사람에게도 제대로 감사치도
못하고 은혜에 보답도 못해드리는 내가 핍박하는 사람을 위하여 축복을
빌어줄 여유가 있겠습니까? 삶을 뒤돌아보면 받은 것은 많고도 많지만 베푼
것은 없음을 느낍니다. 받았기에 감사한 것도 적고 갚아드린 것도 적습니다.
미움받으면 같이 미워하고, 놀림 당하면 나도 놀려주고, 골탕먹으면 나도
앙갚음하고, 핍박당하면 어디 두고 보자고 했던 삶이 아니겠습니까?
그럼에도 하나님께서는 나를 핍박하는 자를 향하여 축복을 하라고
하십니다. 축복의 향기를 날려 변화의 역사를 창조하라고 하십니다.
칼과 칼이 마주치면 파괴가 있습니다. 죽음이 있습니다. 그러나 칼을 칼로
맞지 않고 사랑으로 맞으면 화해의 꽃이 피어납니다.
예수님은 유대인들의 미움의 칼을, 바리새인들의 저주의 화살을,
로마군병들의 날카로운 창을 사랑으로 받으셨습니다. 축복으로
받으셨습니다. 그리하여 구원을 이루셨습니다.
주여! 이 악한 마음을 용서하고 사랑하는 마음으로 바꾸어 주소서.

너희를 핍박하는 자를 축복하라 축복하고 저주하지 말라(롬 12:14)

이웃의 소유를 탐내지 말라

급커브 경사 길에는 위험 표지판이 설치되어 있습니다. 웅덩이가 있는
강가에는 수영금지라는 경고 표지판이 세워져 있습니다.

예수님께서는 누가복음 12장에 두 가지의 경고 표지판을 우리에게
제시하고 있습니다. "바리새인들의 누룩 곧 외식을 주의하라"와 "삼가 모든
탐심을 물리치라"는 것입니다.

세상에서 마귀에게 가장 잘 속는 사람은 외식하는 사람입니다. 그리고 그
다음으로 마귀에게 가장 많이 이용당하는 사람이 탐심을 가진 사람입니다.
탐심은 항상 하나님 앞에서 죄로 나타났습니다. 탐심의 기원은 인류의 조상
하와까지 거슬러 올라갈 수 있습니다. 하나님께서 금하신 선악과가
보암직도 하고 먹음직도 했습니다. 결국 마귀에게 속아 자기도 먹고 남편인
아담에게까지 먹게 했습니다. 아담과 하와는 모든 것을 누리도록 만물을
주신 하나님의 선물에 만족하지 못하고 하나님의 지혜와 영역까지 탐을
냈던 것입니다.

가장 다스리기 어려운 속성이 탐심입니다. 뽑았나 싶으면 어느새 돋아 나와
있고, 버렸나 싶으면 주머니에 그냥 남아 있습니다.
눈은 보아도 족함이 없고 소유에 대한 갈증은 끝이 없습니다.

하나님께 간구해야 할 것입니다.

주여! 자족하는 마음을 주사 나를 붙들어 주옵소서.

네 이웃의 집을 탐내지 말지니라 네 이웃의 아내나 그의 남종이나 그
의 여종이나 그의 소나 그의 나귀나 무릇 네 이웃의 소유를 탐내지
말지니라(출 20:17)

거룩한 것을 개에게 주지 말라

귀한 것은 귀하게 대접받아야 합니다. 옥쇄는 나라의 보배였습니다. 그래서 옥쇄를 보관하거나 옮길 때는 얼마나 정성을 다하는지 모릅니다. 임금이 입는 옷을 용포라고 합니다. 아무나 감히 용포를 건드렸다가는 죽음을 면치 못했습니다. 용포는 단순한 옷이 아니라 곧 임금의 권위요 힘이었습니다. 구약시대에도 하나님께서는 거룩하게 구별하신 것들이 있었습니다. 성막이 거룩했고 성막에 쓰이는 모든 기구들이 거룩했습니다. 성소도 거룩한 장소였고 특히 지성소는 하나님께서 임재하시는 지극히 거룩한 곳이었습니다. 대제사장이라도 성결하게 준비되지 않은 채로 지성소에 들어 왔다가는 죽음을 면치 못했습니다. 하나님께 드려지는 모든 제물도 거룩한 것들이었습니다.

그러나 신약에 이르러서는 거룩한 것이 바로 복음이라고 생각합니다. 복음은 곧 그리스도 예수입니다. 복음은 거룩합니다. 복음을 함부로 다룬 개인이 망했고 국가가 무너졌습니다.

복음을 귀하게 여겨야 합니다. 복음을 개에게 주어서는 안됩니다. 배교자들에게 던져서는 안됩니다. 복음은 순수하게 지켜야 합니다. 세상이 아무리 변하고 혼탁해져도 복음은 복음 그대로 영원히 지켜나가야 합니다.

거룩한 것을 개에게 주지 말며 너희 진주를 돼지 앞에 던지지 말라 저희가 그것을 발로 밟고 돌이켜 너희를 찢어 상할까 염려하라(마 7:6)

▪화(禍)▪가▪되▪는▪일▪

이방 나그네를 압제하지 말라

가끔씩 동남아시아에서 생계를 위해 우리 나라에 건너와 일하는
노동자들을 봅니다. 얼마나 어려우면 고국을 버리고 낯설고 물선 남의
나라에 왔을까 생각해 봅니다. 환영받지도 못하고, 대접받지도 못하면서
사는 게 무엇인지 참고 견디는 그들을 봅니다. TV 뉴스에 비춰지는
사건들을 봅니다. 이런 외국 노동자들을 착취하고 임금도 제대로 주지 않고
밖으로 내몰아서 갈 곳 없이 방황하는 그들의 초라한 뒷모습을 보기도
했습니다. 우리 국민들도 해외로 많이 나갔습니다. 미국으로, 일본으로,
독일로 삶을 위해 나갔습니다. 인정받지도 못하고 대접받지도 못하면서
그들 틈에서 열심히 살고 있습니다. 우리도 나그네가 있고, 우리 땅에도
나그네들이 삶을 살아가고 있습니다.

우리는 어차피 나그네입니다. 고국 땅에서 살던 남의 나라에 나가 살던
이 땅은 나그네의 삶입니다. 나그네끼리는 도우며 살아야 합니다. 위로하며
살아야 합니다.

나그네의 삶을 다 살고 하늘나라에 이를 때 내가 그토록 무시하고 압제했던
또 다른 나그네를 만난다면 무슨 얼굴로 대하겠습니까?
다르다고 압제하지 말고 다르기 때문에 도와주어야 하겠습니다.

너는 이방 나그네를 압제하지 말며 그들을 학대하지 말라 너희도
애굽땅에서 나그네이었었음이니라(출 22:21)

믿음이 연약한 자의 의심을 비판하지 말라

누구나 처음부터 성숙한 신앙인이 될 수는 없습니다. 배우고 따라하면서 점점 성숙해지는 것이지요. 믿음이 연약한 자는 의심도 잘하고, 실수도 잘합니다. 어리기 때문입니다. 어린것이 잘못이 아닙니다. 어린아이는 밥을 흘립니다. 국을 흘리고 반찬그릇을 뒤집어엎습니다. 어리기 때문입니다. 익숙지 못하기 때문입니다. 그런다고 부모가 때리거나 내쫓지 않습니다. 가르치고 돌봅니다. 어린아이들은 딱딱한 음식을 먹지 못합니다. 치아도 약하고 위도 약하기 때문입니다. 채소를 먹고 과일을 먹습니다. 교회에도 어린아이가 있습니다. 밥을 흘리는 교인이 있습니다. 숟가락을 떨어뜨리는 교인이 있습니다. 서투른 솜씨로 젓가락질을 하다가 반찬을 쏟기도 합니다. 그러나 비판해서는 안됩니다. 가르쳐 주고, 도와주고, 본을 보여 따라오게 해야 합니다. 테니스장에 나가면 일명 A조라는 그룹이 있습니다. 그들은 자기들끼리는 치지만 실력이 조금 모자라는 회원이 오면 끼워 주지도 않습니다. 한참을 기다려도 자리를 비켜 주지도 않는 경우도 있습니다. 자기들도 초보자 때는 같은 심정이었겠지만 개구리 올챙이 시절을 잊은 것입니다. 믿음이 연약한 자가 옆에 있으면 그의 실수와 의심을 비판하지 말고 사랑으로 이끌어 줍시다.

믿음이 연약한 자를 너희가 받되 그의 의심하는 바를 비판하지 말
래(롬 14:1)

125

· 화(禍) · 가 · 되 · 는 · 일 ·

원수를 갚지 말라

"원수를 갚지 말며 동포를 원망하지 말며 이웃 사랑하기를 네 몸과 같이 하라 나는 여호와니라." 예수님께서는 이 구절을 신명기 6장 4~5절에 버금가는 모든 율법의 두 번째 대강령으로 말씀하셨습니다.

"이스라엘아 들으라 우리 하나님 여호와는 오직 하나인 여호와시니 너는 마음을 다하고 힘을 다하여 네 하나님 여호와를 사랑하라"(신 6:4~5).

예수님의 말씀을 들어보십시오
"또 네 이웃을 사랑하고 네 원수를 미워하라 하였다는 것을 너희가 들었으나 나는 너희에게 이르노니 너희 원수를 사랑하며 너희를 핍박하는 자를 위하여 기도하라 이같이 한즉 하늘에 계신 너희 아버지의 아들이 되나니"(마 5:43~45).

"선생님이여 율법 중에 어느 계명이 크니이까 예수께서 가라사대 네 마음을 다하고 목숨을 다하고 뜻을 다하여 주 너의 하나님을 사랑하라 하셨으니 이것이 크고 첫째 되는 계명이요 둘째는 그와 같으니 네 이웃을 네 몸과 같이 사랑하라 하셨으니 이 두 계명이 온 율법과 선지자의 강령이니라"(마 22:36~40).

"예수께서 대답하시되 첫째는 이것이니 이스라엘아 들으라 주 곧 우리 하나님은 유일한 주시라 네 마음을 다하고 목숨을 다하고 뜻을 다하고 힘을 다하여 주 너의 하나님을 사랑하라 하신 것이요 둘째는 이것이니 네 이웃을 네 몸과 같이 사랑하라 하신 것이라 이에서 더 큰 계명이 없느니라"(막 12:29~31).

이웃을 내 몸과 같이 사랑할 수만 있다면 원수라도 사랑할 수 있게 될 것입니다.

원수를 갚지 말며 동포를 원망하지 말며 이웃 사랑하기를 네 몸과 같이 하라 나는 여호와니라(신 19:8)

▪화(禍)▪가▪되▪는▪일▪

떼어먹지 말라

우리의 삶에서 큰 것을 도적질하고 전체를 뺏어 가는 일은 많지 않습니다.

그런 소수의 사람들이 신문에 보도되고 지탄을 받고 있습니다.

그러나 그런 큰 도둑도 아니고, 남에게 공개되지는 않지만 옳지 않은 일들이

있습니다. 바로 떼어먹는 일입니다.

떼어먹는 일은 잘 드러나지 않습니다. 한 부분이기 때문에 발견하기도

어렵습니다. 그러기에 저지르기도 쉬운 잘못입니다.

얼마 전에 떡을 한말 해왔는데 이상하게 양이 적어 보였습니다. 전에 했던

양에 비해서는 적어 보였습니다. 방앗간에서 떡을 한 후에 따로 떼어내서

팔았나? 라는 의심도 해보았습니다. 물론 방앗간에서 떼어먹지는 않았겠죠

하다보면 적게 보일 수도 있겠지요. 의심한 제가 잘못이라고 생각합니다.

가끔 철근을 몇 개씩 빼내어 떼어먹고, 시멘트를 떼어먹다 부실 공사를 한

사건들을 접합니다. 고객이 맡긴 돈을 떼어먹은 은행직원의 소식도

들었습니다.

종은 주인의 재산을 잘 관리할 책임이 있습니다. 한 덩어리씩 뚝 떼어먹는

종들이 많으면 주인도 망하고 종도 망하게 됩니다.

떼어먹고 싶은 욕망을 다스리는 연습을 해야 할 것입니다.

떼어먹지 말고 오직 선한 충성을 다하게 하라 이는 범사에 우리 구
주 하나님의 교훈을 빛나게 하려 함이라(딛 2:10)

육축을 다른 종류와 교합시키지 말라

하나님께서는 만물을 창조하실 때 하나 하나에 고유성과 순수성을
부여하시고, 목적을 두고 창조하셨습니다. 그러기에 그 하나 하나가 귀하고
독특합니다. 큰 것은 큰 대로 하나님의 보시기에 좋았고 작은 것은 작은
대로 좋으셨습니다. 강한 것은 강한 대로의 멋이 있고 약한 것은 약함
속에서 아름다움이 깃들여 있습니다. 모든 것이 커서도 좋지 않고 모든 것이
강하기만 해도 질서가 유지되지 않습니다.

이토록 하나님께서 창조하신 본래의 종류와 다른 것을 혼합해서는
안됩니다. 질서가 깨지고 결국은 사람이 그 피해를 입게 됩니다.
물질계에서처럼 종교계에 있어서도 혼합은 있을 수 없습니다. 참 종교의
질서와 순수성을 유지하지 못하는 것은 영적 타락입니다.
하나님께서는 이스라엘 민족들이 일상생활 속에서 순수성을 유지함으로
이방 종교와 섞이기 쉬운 인간의 본성을 경계하셨습니다.

신약시대에 와서도 사도 바울 선생님은 그리스도인들이 순수성을
유지하기를 강조하고 있습니다. 신부가 신랑 외에 다른 남자와 섞이면
신부가 아니듯이 예수 그리스도의 신부인 우리가 세상과 섞이는 것은 큰일
중의 큰일일 것입니다.

“의와 불법이 어찌 함께 하며, 빛과 어두움이 어찌 사귀며, 그리스도와
벨리알이 어찌 조화되며, 믿는 자와 믿지 않는 자가 어찌 상관하며,
하나님의 성전과 우상이 어찌 일치가 되리요 우리는 살아 계신 하나님의
성전이라(고후 6:14~16).

너희는 내 규례를 지킬지어다 네 육축을 다른 종류와 교합시키지
말며 네 밭에 두 종자를 섞어 뿌리지 말며 두 재료로 직조한 옷을
입지 말지며(레 19:19)

사람을 자랑하지 말라

사람은 스스로를 대단하게 여길 때가 많습니다. 사람의 지혜에 감탄하고 사람의 재주에 탄성을 올립니다. 새로운 것을 발명할 때 그 지혜를 칭송합니다. 새로운 학설을 발표할 때 존경합니다. 상도 주고 박사학위도 수여합니다.

스포츠에서도 선수들의 묘기에 탄성을 올립니다. 마이클 조던의 덩크슛에 감탄하고 호나우도의 미사일 슛에 축구장에 모인 수만 명이 열광합니다.

몇 일 전 아카데미 시상식이 있었습니다. 타이타닉이란 영화가 아카데미 11개 부문의 상을 휩쓸었습니다. 벤허 이래 가장 많은 상을 휩쓸었습니다. 시상대에 오른 제임스 카메론 감독은 두 손을 번쩍 치켜들고 소리칩니다. "나는 왕이로소이다" 물론 왕이겠지요. 하나도 타기 힘든 아카데미상을 11개나 휩쓸었으니 그럴 수도 있겠지요. 그리고 그 말은 영화의 대사 중에도 있었다 합니다.

그렇지만, 그렇지만 말입니다. 그는 왕이 아닙니다.

"아무도 자기를 속이지 말라 너희 중에 누구든지 이 세상에서 지혜 있는 줄로 생각하거든 미련한 자가 되어라 그리하여야 지혜로운 자가 되리라 이 세상 지혜는 하나님께 미련한 것이니 기록된 바 지혜 있는 자들로 하여금 자기 궤계에 빠지게 하시는 이라 하였고 또 주께서 지혜 있는 자들의

▪화(禍)▪가▪되▪는▪일▪

생각을 헛것으로 아신다 하셨느니라"(고전 3:18~20).

사람을 자랑하는 것은 헛것을 자랑함이 됩니다. 오직 예수 그리스도를
자랑함이 참된 자랑입니다.

그런즉 누구든지 사람을 자랑하지 말라 만물이 다 너희 것임이라(고전 3:21)

재판장을 욕하지 말고 백성의 유사를 저주하지 말라

불평하고 욕하려 들면 끝도 없습니다. 그렇지만 허물을 덮으려 들면 못 덮을 정도로 큰 것도 없습니다. 모두가 마음가짐에 달렸습니다.

우리는 지금까지 우리 나라를 다스렸던 지도자들을 한결같이 비난하고 욕해왔습니다. 이승만 대통령을 욕하고 박정희 대통령을 비난했습니다. 전두환, 노태우 대통령은 아예 감옥에까지 내려가게 했고 문민정부를 이끈 김영삼 대통령을 향해 나라를 거지로 만든 대통령이라고 하면서 눈총을 보내고 있습니다. 물론 그 분들이 잘못하신 것들도 있습니다. 그러나 잘하신 것들도 많습니다. 문제는 우리가 어느 부분을 크게 보느냐에 달렸습니다. 잘못만 보고, 실수만 보면 욕할 것밖에 없습니다. 그리고 욕해봐야 자식이 아버지 욕하기요, 누워서 침 뱉기나 다름없습니다. 고양이 눈을 버리고 비둘기 눈으로 바꾸십시다. 이스라엘 백성은 모세를 욕했습니다. 비난하고 돌질까지 하려고 했습니다. 고라는 모세를 욕하고 대적하다가 땅이 입을 벌려 고라와 그 가족을 삼켰습니다. 미리암도 모세를 욕하다 문둥병에 걸렸습니다. 재판장은 하나님의 권위를 가지고 있는 분을 뜻합니다. 유사는 백성의 지도자입니다. 따르고, 협력하면 모두가 복을 받습니다. 욕하고 저주하면 그 열매가 내게로 되돌아옵니다. 부드러워지십시다.

너는 재판장을 욕하지 말며 백성의 유사를 저주하지 말지니라(출 22:28)

▪화(禍)▪가▪되▪는▪일▪

자기를 속이지 말라

남에게 속을 때가 있습니다. 가짜를 진짜로 속아 살 경우도 있고, 쓰던 물건을 새것인줄 알고 살 때도 있습니다.

속이는 사람이 너무 많습니다. 겉과 속이 다른 것이 많습니다. 물건만 그러면 덜할텐데 사람도 그렇습니다. 남을 속이는 사람일수록 겉모습은 신사요 인격자입니다. 잘생기고 말도 잘합니다. 교도소 전도를 자주 하시는 분의 말을 들으면 교도소 안에 있는 사람 치고 잘생기지 않은 사람이 없고 머리가 좋지 않은 사람이 없다고 합니다. 한마디로 겉은 천사인데 속은 마귀라는 것입니다.

오늘도 신문을 뒤덮고, TV 화면을 채우는 모습들이 속고 속이는 소식들로 가득합니다. 안타까운 일입니다.

그러나 이렇게 속이는 분들이 결국은 남을 속이는 것이 아니라 자신을 속이는 것입니다. 남을 속이는 것 같으나 자신의 운명을 속이는 것입니다. 속임으로 오는 피해는 오히려 속이는 사람이 더 크게 받습니다. 그렇지 않다고 생각하겠지만 그렇게 생각하는 자체가 속고 있는 것입니다.

이 세상의 지혜는 오히려 자신을 해칩니다. 멸망케 합니다. 그러나 그것을 모릅니다. 세상에서 똑똑하고 지혜로워야 잘될 것 같지만 그렇지 않습니다.

속고 있는 것입니다.

세상의 지혜 위에 계신 하나님께서 세상의 지혜를 심판하십니다. 세상 지혜에는 미련해지고 하나님에 대한 지식을 얻어야 승리합니다.

아무도 자기를 속이지 말라 너희 중에 누구든지 이 세상에서 지혜 있는 줄로 생각하거든 미련한 자가 되어라 그리하여야 지혜로운 자 가 되리라(고전 3:18)

·화(禍)·가·되·는·일·

다수를 따라 악을 행치 말라

군중심리라는 것이 있습니다. 많은 사람이 가면 생각 없이 따라가는
것입니다. 많은 사람이 열광하면 뭔지도 모르면서 따라 소리지르고 많은
사람이 돌을 던지면 왜 던지는지, 어디를 향해 돌을 던지는 줄도 모르고
던지는 경우가 많습니다.

감사하게도 지금은 데모가 없지만 몇 년 전만 해도 서울 시내에 최루 가스가
없는 날이 별로 없었습니다. 대학생들이 화염병을 던지고 학교기물을
부수었습니다. 앞장서서 소리를 지르고 화염병을 던진 학생을 붙들어다가
물어보면 왜 데모를 하는지, 어떤 목적을 달성하기 위해 화염병을 던지는지,
나라와 국민을 위한 어떤 특별한 사명과 정신도 없이 그저 따라나선
학생들이 많다는 것입니다. 논리도 없고, 이상도 없다보니 붙잡히면 옷으로
얼굴을 감쌉니다.

사도행전을 보면 사도바울이 에베소에서 오직 하나님만이 참 신이라고
전도하자 은장색으로 돈을 벌고 있던 데메드리오라는 사람이 생계에
타격을 입게 되었습니다. 그래서 군중들을 선동하여 연극장으로 몰려가
소동을 벌였습니다. 그 때가 이런 상황이었습니다.
"사람들이 외쳐 혹은 이 말을 혹은 저 말을 하니 모인 무리가 분란하여
태반이나 어찌하여 모였는지 알지 못하더라"(행 19:32).

우리도 그렇지 않은지요 어찌하여 그러는지도 모르고 따라하지 않는지요?

유행도, 사상도, 생각도, 비판도 무조건 다수라고 따라가지 않는지요?

요셉처럼, 다니엘처럼 다수가 따라가도 진리가 아니면 따라가지 마세요

다수를 따라 악을 행하지 말며 송사에 다수를 따라 부정당한 증거
를 하지 말며(출 23:2)

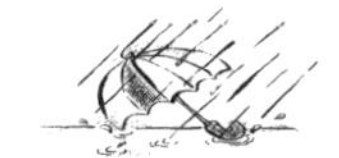

▪화(禍)▪가▪되▪는▪일▪

음행과 온갖 더러운 것과 탐욕은
그 이름이라도 부르지 말라

나쁜 것은 끌어당기는 힘이 강합니다. 그래서 아예 가까이 가지 말아야
합니다. 사람들은 이런 타협을 잘합니다. "가기는 가지만 하지는 않겠다."
그렇지만 이런 결심으로 따라간 사람이 안하고 오는 경우는 드뭅니다.
"내가 놀음판에 따라는 가겠다. 그러나 놀음은 안 하겠다." "내가 경마장에
구경은 가겠다. 그러나 마권은 절대 안 산다." "내가 춤추는데 따라는
가겠지만 나는 의자에 가만히 앉아 있겠다." "내가 퇴폐업소에 친구 의리상
따라는 가지만 나는 물들지는 않겠다." "내가 욕 잘하는 친구와 같이
다니기는 하지만 욕을 닮지는 않겠다."
여러분, 이런 분들 중에 결심대로 끝까지 승리한 사람이 얼마나 있다고
생각하십니까?

중학교 때 말을 더듬는 친구가 있었습니다. "기기기 길상아, 도도도 도시락
먹자." 처음에는 재미있어 우리들도 일부러 더듬으며 말하고 깔깔
웃었습니다. "애애애 애들아, 추추추 축구차러 가자." 침까지 튀겨가며
떠들어댔습니다. 그러다 얼마 후 우리들의 말들이 집에서나 다른 곳에서도
더듬어지고 있다는 사실을 깨달았습니다. 그러나 쉽게 고쳐지지
않았습니다. 이제는 제대로 말하려 해도 잘 되지 않았습니다. 반장까지
물들어 버렸습니다. "서서서 선생님께 경례" 우리 반은 온통 언어 장애반이

되고 말았습니다.

하나님께서 금하신 것은 아예 멀리 하십시오 아예 끊어버리십시오
그 이름이라도 부르지 마십시오

음행과 온갖 더러운 것과 탐욕은 너희 중에서 그 이름이라도 부르
지 말라 이는 성도의 마땅한 바니래(엡 5:3)

·화(禍)·가·되·는·일·

뇌물을 받지 말라

뇌물의 뿌리는 참으로 깊습니다. 뇌물의 역사는 참으로 오래되었습니다. 출애굽시대에 벌써 뇌물이 있었으니 뇌물은 그 어떤 것보다 오래된 골동품입니다. 뇌물이라는 골동품이 있는 한 정의는 실현되지 못합니다. 뇌물이라는 골동품이 있는 한 질서가 바로 서지 못합니다.

우리 나라는 고려청자, 이조백자를 귀하게 여겨 왔습니다. 가보로 모시고 진품명품이라 하여 생명처럼 모셨습니다. 또 하나 모신 골동품이 있습니다. 바로 뇌물이라는 골동품입니다.

고려청자, 이조백자는 특별한 몇 사람들만이 집안에 모셨는데 뇌물이라는 골동품은 어디에나 있었습니다. 물론 청렴결백한 분들도 많이 있어서 오늘까지 내려왔지만 뇌물이라는 골동품은 점점 양산체제로 들어가 오늘날까지 많은 사람들이 소유하고 또 즐겨 사용하고 있습니다.

이런 말까지 나오고 있습니다. "뇌물이면 안 되는 일이 없다." 그러나 뇌물이면 되는 나라가 없습니다. 뇌물이라는 골동품을 깨뜨려야 합니다. 부숴 버려야 합니다. 관공서에서, 기업에서, 로비에서 뇌물이 깨지는 소리가 들려야 합니다. 기상 나팔 소리를 듣고 군인들이 일어나듯 뇌물이 깨지는 소리를 듣고 정의와 행복이 찾아올 것입니다.

너는 뇌물을 받지 말라 뇌물은 밝은 자의 눈을 어둡게 하고 의로운
자의 말을 굽게 하느니라(출 23:8)

몸은 죽여도 영혼을 능히 죽이지 못하는 자들을 두려워 말라

이 세상에는 두려워할 것이 없습니다. 그러나 우리는 두려워합니다. 믿음이 없어서 그렇습니다. 베드로에게 믿음이 있었을 때는 물결이 두렵지 않았습니다. 그러나 믿음이 약해지자 물결이 두려워졌습니다. 물 속으로 빠져들어 갔습니다.

세상의 어떤 힘도 하나님의 자녀를 해할 수 없습니다. 어떤 권력도, 무기도 하나님의 자녀를 굴복시킬 수 없습니다. 믿음만 있으면 언제나 승리합니다. 로마시대에 많은 그리스도인들이 순교의 피를 흘렸습니다. 네로는 많은 그리스도인들을 죽였습니다. 그러나 네로가 죽인 것은 몸이지 영혼은 결코 아닙니다. 승리자는 네로가 아니라 그리스도인들이었습니다.

일제시대에 믿음의 선진들이 순교했습니다. 형장에서 죽고 감옥에서 죽었습니다. 그러나 그 분들은 영원히 살아 있습니다. 몸은 비록 조금 일찍 갔지만 그 분들의 영혼은 찬란한 영광을 누리고 있습니다.

우리가 두려워할 것은 믿음이 약해질까에 대한 두려움이어야 합니다. 믿음만 있으면 그 어떤 것도 두렵지 않기 때문입니다.

베드로가 믿음이 약해졌을 때는 가장 비천한 계집종 앞에서도 비굴했지만 믿음이 강했을 때는 로마도 발 밑에 있었습니다. 주여! 믿음을 주옵소서.

몸은 죽여도 영혼을 능히 죽이지 못하는 자들을 두려워하지 말고 오
직 몸과 영혼을 능히 지옥에 멸하시는 자를 두려워하라(마 10:28)

▪화(禍)▪가▪되▪는▪일▪

가난한 자의 송사라고 편벽되이 두호하지 말라

하나님은 가난한 자의 편이십니다. 고아와 과부에 대한 하나님의 관심은 지극하십니다. 때문에 고아와 과부를 도와주고 마음을 써 주는 사람에 대해 복을 내리십니다. 반면에 고아와 과부를 학대하는 자에게 진노하십니다.

하나님은 가난한 사람들에 대한 관심이 높으십니다. 곡식을 거둘 때도 밭 모퉁이까지 다 베지 말고 가난한 자들을 위해 남겨 놓으라 하셨고, 떨어진 이삭이 있으면 그냥 두라고 하셨습니다. 과일을 딸 때도 모조리 다 따지 말고 가난한 사람들과 나그네를 위해 남겨 놓으라고 하셨습니다.

그러나 하나님께서는 공의에 대해서는 예외가 없으십니다.

가난한 사람이라도 잘못한 것에 대한 벌은 예외가 없습니다. 가난하다고 봐 주는 것도 없습니다. 재판은 공정해야 하기 때문입니다. 가난한 사람의 송사라 해서 편을 들어주게 되면 정의는 실현되지 않습니다.

주위의 가난한 사람들을 도와야 할 것입니다. 그러나 그들이 불의를 저지르는데도 동정심으로 용서해 준다면 오히려 그들을 도와주는 것이 아니라 망하게 하는 것입니다.

하나님의 법은 공정함을 요구하십니다.

가난한 자의 송사라고 편벽되이 두호하지 말지니라(출 23:3)

사람을 외모로 취하지 말라

우리가 가장 범하기 쉬운 오류가 사람을 외모로 판단하는 것입니다.
그래서는 안 된다는 것을 누누이 들어서 알고는 있지만 순간 순간 닥치는
일들을 되돌아보면 또 외모로 판단했구나 하는 생각을 하게 됩니다.

IMF의 어려운 시대를 살아가는 요즘은 직장을 구하기가 어려워졌습니다.
입사시험을 대비하는 젊은이들의 고민도 한두 가지가 아닙니다.
그 중에서도 외모에 대한 신경을 많이 씁니다. 화장을 정성껏 하는 것은
기본이고 성형수술까지 합니다. 얼굴뿐만 아니라 몸까지 뜯어고칩니다.
보수공사를 하는 셈입니다. 어떻게 해서라도 호감을 갖게 해서 선택받으려
하는 노력입니다.

주위에 있는 노처녀 노총각들의 말을 들어보면 외모에 대한 생각들이
강합니다. 누구는 다 좋은데 키가 적다는 것입니다. 누구는 다 괜찮은데
통통하다는 것입니다. 누구는 다 좋은데 다리가 짧고, 누구는 다 좋은데
눈이 튀어나오고, 누구는 다 좋은데 입이 크고, 누구는 또 어떻고 누구는 또
어떻다는 것입니다. 제가 볼 때는 그 사람 역시 그 모양 그 모습인데
말입니다.

어디 키하고 삽니까? 롱다리 뜯어먹고 살 것입니까? 앵두 같은 입술이

■ 화(禍) ■ 가 ■ 되 ■ 는 ■ 일 ■

행복과 무슨 상관이 있으며 서글서글한 눈빛이 영생을 보장해 줍니까?
얼굴의 화장품은 살짝 바르고 마음의 화장품은 진하게 바르십시오
그리스도의 향기로 진하게 화장하십시다.

내 형제들아 영광의 주 곧 우리 주 예수 그리스도를 믿는 믿음을
너희가 받았으니 사람을 외모로 취하지 말래(약 2:1)

품꾼의 삯을 미루지 말라

품꾼의 삯은 생명입니다. 자신과 가족의 생계가 달려 있는 생명과도 같습니다. 때문에 품꾼의 삯을 미루는 것은 생명을 위협하는 것과도 같습니다. 통계적으로 가난한 사람들이 범죄를 저지르는 경우가 많습니다. 그것은 품삯이 모자라거나 받지 못해 일어나는 경우가 많습니다. 생계는 유지해야겠고, 주머니는 비어 있을 때 할 수 있는 두 가지가 있습니다. 첫째는 굶는 것이고 둘째는 훔치거나 빼앗는 것입니다. 주인이 품삯을 주지 않아 굶기는 것도 주인에게 책임이 있고, 훔치거나 빼앗도록 하는 것도 주인에게 책임이 있다고 생각합니다.

곡식을 밟아 떠는 소의 입에 망을 씌우지 말고 소도 먹이면서 일을 하도록 하시는 것이 하나님의 법칙이십니다.

경제의 어려움으로 봉급이 삭감되고 또는 몇 달씩 봉급을 주지 못하는 직장도 있다고 들었습니다. 얼마나 사장이 힘들고 고민이 되겠습니까? 경제의 어려움으로 최선을 다하는데도 줄 것이 모자란다면 어쩔 수 없을 것입니다. 그러나 자신은 가질 것 가지면서 직원들에게 주지는 않는다면 안될 것입니다. 생계는 위협해서는 안됩니다. 생명을 위협해서도 안됩니다.

너는 네 이웃을 압제하지 말며 늑탈하지 말며 품꾼의 삯을 아침까지 밤새도록 네게 두지 말며(레 19:13)

시험을 받을 때 내가 하나님께 시험을 받는다 하지 말라

하나님께서는 때로 우리에게 시험을 주셔서 연단하시고 장성케 하신다고
하셨습니다. 그리고 감당할 수 있는 시험만 허락하셔서 우리로 감당케
하시고 또한 피할 길을 주사 우리로 시험을 통과하게 하신다고 하셨습니다.
시험을 참는 자는 복이 있다고 하셨고, 우리에게 오는 불시험을 이상히
여기지 말라고 하셨습니다. 시험이 있되 이 시험이 우리를 멸망케 함이
아니요 승리케 하기 위함이라는 것입니다.

그런데 오늘 구절을 보면 시험을 받을 때 내가 하나님께 시험을 받는다
하지 말라고 하셨습니다. 어딘가 앞뒤가 맞지 않는 것 같습니다. 시험을
주셔서 연단하신다고도 하시고 하나님께 시험을 받는다고 하지도 말라고
하시니 어디가 옳은 말씀인가 하는 것입니다.

앞서 말씀드린 시험은 하나님께서 외부로부터 우리에게 주시는 시험을
말합니다. 환난으로, 역경으로, 시련으로 우리를 연단하셔서 정금같이
쓰시려는 하나님의 시험을 말합니다.

그러나 후자의 시험은 내 마음속에서 내가 일으키는 시험을 말합니다.
인간의 마음속에서 일어나는 범죄 하려는 충동을 가리킵니다.
내 욕심으로, 내 정욕으로 일어나는 시험을 일컫습니다.

내 욕심에 이끌려 미혹을 받고, 그 욕심이 잉태하여 죄를 낳고 사망을 낳는 결과를 가져오는 내적인 시험을 말합니다.

운전면허 시험이 다르고 대학입학 시험이 다릅니다. 이성이 유혹하는 시험은 또 다릅니다. 시험을 올바로 분별하여 시험을 이겨야 할 것입니다.

> 사람이 시험을 받을 때에 내가 하나님께 시험을 받는다 하지 말지
> 니 하나님은 악에게 시험을 받지도 아니하시고 친히 아무도 시험하
> 지 아니하시느니래(약 1:13)

▪화(禍)▪가▪되▪는▪일▪

각기 자기 소견대로 하지 말라

사람이 각기 자기 소견대로 살아가면 엄청난 혼란이 일어날 것입니다. 빨간 불은 정지신호인데 나는 빨간 색을 좋아하니 내 소견대로 건너가겠다면 문제가 생깁니다. 나는 차를 몰고 우측으로 달리는 것보다 좌측으로 달리는 것이 더 좋다하여 좌측으로 몰고 가면 보통 심각한 문제가 아닙니다.

여자 화장실이 더 깨끗해 보인다고 해서 남자가 여자 화장실을 사용해도 문제가 크고, 남들이 출근하는 시간에 같이 출근하면 복잡하다고 해서 자기 멋대로 점심 먹고 한가할 때 출근하면 어떻게 되겠습니까?

가정도 질서가 있고, 회사도 규율이 있고, 사회도, 국가도 법이 있습니다. 해야 할 일이 있고 해서는 안될 일이 있습니다. 내가 하기 싫어도 해야 할 일이 있고, 하고 싶어도 참고 하지 말아야 할 일들이 있습니다.

하나님께서 규율을 주시기 전의 이스라엘 백성은 각기 자기 소견대로 살았습니다. 사람마다 선악에 대한 생각이 달랐습니다. 가치 평가가 달랐습니다. 그러나 하나님께서는 규율을 주시면서 이제부터는 자기 소견대로 살지 말라는 것입니다. 반드시 하나님께서 주신 규율대로 살라는 것입니다. 우리에게 주신 규율은 곧 말씀입니다. 말씀대로 살고, 말씀대로 순종해야 합니다. 내 소견대로 내 맘대로 해서는 안됩니다.

우리가 오늘날 여기서는 각기 자기 소견대로 하였거니와 너희가 거
기서는 하지 말지니라(신 12:8)

상전에게 복종하되 눈가림으로 하지 말라

남이 보는 데서 열심을 내는 것은 어렵지 않습니다. 사람은 이상하게도 사람
앞에서는 힘을 냅니다. 특히 윗사람 앞에서는 더욱 열심히 일합니다.
농사일을 해도 그렇습니다. 주인이 일꾼들과 함께 있으면 일의 속도가
빠릅니다. 주인이 잔소리를 하는 것도 아니고 단지 함께만 했는데도 일의
진행이 빠릅니다. 그러나 주인이 그 자리에 없으면 이상하게도 속도가
느려집니다. 한나절만에 끝날 일이 저녁이 되어서야 끝납니다. 사람이 남이
보든지 안보든지 한결같이 일을 잘한다면 참으로 훌륭한 사람입니다.
그렇게 되기가 쉽지 않기 때문입니다. 남이 보든지 안보든지 눈가림으로
하지 않고 정성을 다해 자기 일처럼 한다면 훌륭한 인격을 갖춘 사람입니다.
요셉은 훌륭한 인물입니다. 언제 어디서나 눈가림으로 하지 않았습니다.
자기가 선택한 길도 아닌 종으로 팔려가서도 최선을 다했습니다. 자기
동족이 아닌 타국에서의 종살이였지만 눈가림으로 하지 않았습니다. 억울한
누명을 쓰고 감옥에 갇혔어도 원망과 좌절 대신 한결같은 성실함이었습니다.
이런 요셉이었기에 하나님께서는 애굽의 총리로 세우시고 애굽은 물론
주변의 나라와 가족까지 살렸습니다. 주인이 곁에 없으십니까? 더욱 열심히
일하세요. 하늘 주인이 특별 보너스를 준비하고 계십니다.

종들아 모든 일에 육신의 상전들에게 순종하되 사람을 기쁘게 하는
자와 같이 눈가림으로 하지 말고 오직 주를 두려워하며 성실한 마
음으로 하라(골 3:22)

마음에 악념을 품지 말라

악한 생각은 악한 행동을 낳습니다. 악한 생각을 품으면 언젠가는 악의 결과가 나타납니다. 새가 알을 품고 있을 때는 아무런 능력도 없는 일이지만 얼마간 시간이 지나면 새가 되어 하늘을 날아다니게 됩니다. 악한 생각을 마음에 품고 있을 때는 별다른 능력이 없는 것 같지만 생각의 알이 새끼로 부화되어 나오고 자라서 하늘을 날게 될 때는 커다란 결과를 가져옵니다. 새가 하늘을 날듯 악이 천하를 돌아다니게 됩니다. 그러기에 악한 생각이 들어오는 것은 어쩔 수 없지만 새끼가 되어 날개짓을 하도록 품고 있어서는 안됩니다. 품지 말고 삶아 먹든지 깨뜨려 버려야 합니다.

오늘 말씀의 배경은 채주와 빚진 자에 대한 것입니다.

이스라엘 백성이 동족에게 돈을 꾸어 주었으면 7년째가 되는 해에는 면제해 주라는 계명입니다. 그리하면 복을 주시겠다는 말씀입니다.

그런데 면제년이 가까워지자 넉넉한 자가 악념을 품고 궁핍한 사람들에게 자기의 손해를 생각해서 빌려주지도 않고 도와주지도 않으면 하나님께서 그것을 죄로 여기시겠다는 말씀입니다. 내 이익을 위해서 의도적으로 이웃의 어려움을 돌아보지 않는 악한 생각은 하나님께서 미워하십니다. 악념을 뽑아버리고 선한 생각을 심어야 할 것입니다.

삼가 너는 마음에 악념을 품지 말라 곧 이르기를 제 칠년 면제년이 가까왔다 하고 네 궁핍한 형제에게 악한 눈을 들고 아무것도 주지 아니하면 그가 너를 여호와께 호소하리니 네가 죄를 얻을 것이래(신 15:9)

환난을 당할 때 어떻게 또는 무엇을 말할까 염려하지 말라

어떤 순서를 맡으면 준비를 많이 합니다. 사회를 맡게 되어도 준비를 많이
합니다. 어떤 말로 시작할까? 어떤 순서로 진행할까? 어디에 포인트를 줄까?
어떤 말로 끝맺음을 할까를 사전에 준비하고 메모도 해 둡니다.
설교 준비를 하시는 목사님들은 얼마나 준비를 많이 하시는지 모릅니다.
주석을 참고하고, 여러 권의 책을 읽고, 수없이 묵상하고, 틈나는 대로
기도하고, 어떤 목사님은 입맛을 잃을 정도로 해산하는 고통을 하신다고
들었습니다. 듣는 우리들은 설교가 어떠니 저떠니 해도 준비하시는
목사님들은 얼마나 정성을 들이시는지 모릅니다. 성도들이 반성할
일입니다.

그러나 준비하지 않아도 될 경우가 있다고 하셨습니다. 하나님을 대적하고
예수 믿는 사람들을 핍박하는 무리들 앞에는 염려할 것도, 준비할 것도
없다고 하십니다. 그 때에 무슨 말을 할 것을 알려 주시겠다고 하셨습니다.
그 자리에 하나님께서 함께 해 주신다는 든든한 약속이십니다. 말하는 이는
우리가 아니라 아버지의 성령이시라는 말씀입니다.
세상을 이기신 주님께서 함께 하시니 두려움이 없습니다.

너희를 넘겨줄 때에 어떻게 또는 무엇을 말할까 염려치 말라 그 때
에 무슨 말할 것을 주시리니 말하는 이는 너희가 아니라 너희 속에
서 말씀하시는 자 곧 너희 아버지의 성령이시니래(마 10:19)

대적의 병거와 민중이 많음을 볼지라도 두려워 말라

사람은 숫자에 민감합니다. 숫자에 따라 마음이 따라갑니다. 숫자에 따라 마음이 흔들립니다. 모두가 믿음이 없는 까닭입니다.

바람이 불면 나뭇잎이 흔들립니다. 가지도 흔들립니다. 그러나 원줄기는 흔들리지 않습니다. 땅속 깊이 뿌리를 내리고 있어서 입니다.

믿음의 뿌리를 깊이 내리고 있으면 태풍도 견뎌 냅니다. 바람이 두렵지 않습니다. 오히려 바람 때문에 더 깊이 뿌리를 내립니다.

이스라엘은 항상 대적보다 약했습니다. 숫자도 적고 무기도 부족했습니다. 그러나 언제나 승리했습니다. 하나님의 도움으로 얻은 승리였습니다.

세계 최강의 바로의 군대에서 벗어나고, 홍해를 건너며 아말렉을 물리치고 아모리왕 시혼과 바산왕 옥을 이긴 것도 모두 하나님의 도움이셨습니다.

그러므로 두려워하지 말라는 말씀입니다. 대적의 병거가 한이 없고 민중이 바다의 모래알 같을지라도 하나님께서 함께 하시면 썩은 나무토막 같다는 말씀입니다. 우리에게도 대적이 많습니다. 질병, 실패, 마귀, 근심, 걱정 모두가 우리의 대적입니다. 그러나 두려워할 것이 없습니다. 주 예수 그리스도께서 앞서 싸워주시기 때문입니다.

네가 나가 대적과 싸우려 할 때에 말과 병거와 민중이 너보다 많음
을 볼지라도 그들을 두려워 말라 애굽 땅에서 너를 인도하여 내신
네 하나님 여호와께서 너와 함께 하시느니라(신 20:1)

술 취하지 말라

오늘의 시대를 비틀거리는 시대라 할 수 있습니다. 술에 취해 비틀거리고, 세상에 취해 비틀거립니다. 쾌락에 취하고, 권력에 취하고, 인기에 취해 비틀거리는 시대입니다. 어른도 비틀거리고 아이들도 비틀거립니다.

우리 나라의 술 소비량이 세계 최고 수준이라고 합니다. 시베리아처럼 혹독한 추위도 없는 이 좁은 땅에서 그토록 많이 마셔대니 이해할 수가 없습니다. 술집이 줄을 서듯 들어서 있고 회식이 있으면 반드시 술이 따라나오고 마셨다 하면 폭주라고 합니다. 술로 인해 끔찍한 교통사고가 끊이지 않고, 행복한 가정이 파괴되는데도 줄어들 줄을 모르니 술은 정말 대단한 존재임에는 틀림없습니다. 술은 모든 것을 뺏어갑니다. 그 어떤 흉악범보다 무섭습니다. 건강도, 행복도, 인격도, 가정도, 미래도, 영생도 뺏어갑니다. 좋은 것은 모조리 뺏어가고 나쁜 것만 보따리 보따리 갖다 줍니다. 술 취하지 말고 성령의 충만을 받으라고 하셨습니다.

성령충만은 온갖 좋은 선물을 가져다 줍니다.

나는 지금 무엇에 취해 있나 점검할 필요가 있습니다.

세상에 취하지는 않았을까? 권력에 취하지는 않았을까? 인기에 취하지는 않았을까? 건강 진단을 하듯 신앙 건강 진단도 받아야 할 것입니다.

술 취하지 말라 이는 방탕한 것이니 오직 성령의 충만을 받으라(엡 5:18)

▪화(禍)▪가▪되▪는▪일▪

새 집을 짓거든 지붕에 난간을 만들어 사람이 떨어지지 않게 하라

하나님은 참으로 자상하십니다. 인자하신 어머니가 자녀를 위해서 작은 것 하나 하나까지 세심하게 챙겨서 보살피듯이 하나님께서는 어머니보다 더 세심하게 우리를 돌보십니다.

어릴 때 소풍을 가면 어머니께서 여러 가지를 챙겨 주십니다. 도시락은 물론이고 필요 없을 것 같은 자질구레한 것까지 세심하게 넣어 주십니다. 그러나 이토록 세심하게 준비를 해 주셔도 때에 따라서는 부족한 경우가 있습니다. 하나님께서는 우리를 세상에다 소풍을 보내놓으시고 잘 지내다가 오라고 하셨습니다. 그러시고는 우리가 어려움을 당하지 않도록 가지가지로 세심하게 준비를 해 놓으시고 보살펴 주십니다.

이스라엘 지방의 지붕은 슬라브 형식의 평평한 구조였습니다. 이 지붕은 휴식이나 취침의 장소로도 쓰여졌는데 난간이 없으면 사람이 떨어질 우려가 있었습니다. 하나님께서는 이러한 지붕에다 반드시 난간을 설치해서 인명피해의 사고가 없도록 배려해 주셨습니다.

우리도 난간을 사용해야 합니다. 세상으로 떨어지지 않도록 마음에 난간을 세우고 교만으로 떨어지지 않도록 담을 둘러야 할 것입니다.

네가 새 집을 건축할 때에 지붕에 난간을 만들어 사람으로 떨어지지 않게 하라 그 피 흐른 죄가 네 집에 돌아갈까 하노래(신 22:8)

몸의 사욕을 순종치 말라

몸이 요구하는 것들은 대개 세상적인 것들입니다. 탐욕과 육적인 쾌락이 많습니다. 이런 것들은 마치 시장에 따라나선 아이가 엄마를 졸라대듯이 끊임없이 미혹을 합니다.

어릴 적 닷새만에 한 번씩 서는 장에 따라가는 일이 있습니다. 20여 리나 떨어진 곳을 한나절 내내 걸어서 산을 넘고 물을 건너 시장에 도착합니다. 눈이 휘둥그래집니다. 볼 것도 많고 먹을 것도 많습니다. 먹을 것이 없어 떫은감이나 주어 먹고 고구마나 감자만 겨우 먹다가 시장에 와보니 여기가 천국이구나 라는 생각을 했습니다. 아부지 저거 사주이소, 저거도 사주이소, 이것도 처음 보는 건데 사주이소 내내 시장을 따라다니며 이것저것을 사달라고 졸랐던 기억이 있습니다.

세상이라는 시장에는 눈을 휘둥그렇게 뜨게 만드는 것들이 많습니다. 우리 몸은 이런 것을 볼 때마다 욕심이 생깁니다. 들을 때마다 마음이 끌립니다. 그러나 세상에서 주어지는 모든 것은 유익이 없습니다. 만족이 없습니다. 갈증 끝에 마신 콜라처럼 더 심한 갈증으로 끌고 갑니다.

몸의 사욕을 죽여야 합니다. 그래야 신령한 열매가 맺어집니다.

그러므로 너희는 죄로 너희 죽을 몸에 왕 노릇하지 못하게 하여 몸
의 사욕을 순종치 말고(롬 6:12)

▪화(禍)▪가▪되▪는▪일▪

다수를 따라 부정당한 증거를 하지 말라

다수의 의견을 존중하고 따라야 합니다. 또한 다수의 의견이 선한 것이
되도록 힘써야 합니다. 그러나 성도는 인간의 다수가 악을 행할 때는
하나님의 공의를 분명하게 선포하고 따르지 말아야 합니다.

다수의 의견이라고 반드시 옳은 것이 아닙니다. 성경의 역사를 보면 오히려
다수의 의견이 죄악으로 달려가는 일이 많았습니다.

노아 시대에도 다수의 사람들이 죄와 더불어 먹고 마셨습니다.

아브라함도 다수의 죄인 가운데서 하나님의 부르심을 받아 의의 빛으로
나왔습니다. 롯도 다수의 소돔성 사람들 틈에서 의롭게 살려고
고민했습니다. 모두가 우상 앞에 절했지만 사드락과 메삭과 아벳느고는
따라하지 않았습니다.

인간 세계에는 다수의 힘이 강합니다. 모두가 가고 있는 길을 홀로 박차고
나오기가 쉽지 않습니다. 그러나 성도는 그렇게 해야 합니다. 그렇게 해야
삽니다.

다수의 의견이 따르기 쉽고 다수이기 때문에 부정당한 일에도 거절하지
못하고 동조하기 쉽습니다. 그러나 성도는 진리에는 단호해야 합니다.
그래야 승리자가 됩니다.

다수를 따라 악을 행하지 말며 송사에 다수를 따라 부정당한 증거
를 하지 말며(출 23:2)

하나님께서 깨끗케 하신 것을 네가 속되다 말라

사람은 고집이 셉니다. 염소가 고집이 세다고 하지만 염소에 비하면 사람이 한 수 위입니다. 시골에서 염소를 길러 보았습니다. 고집이 보통이 아닙니다. 덩치가 저보다 열 배도 더 큰 소는 어린아이가 잡아끌어도 순순히 따라오는데 염소는 그렇지 않습니다. 네 발을 땅에다 버티고 몸을 잔뜩 뒤로 굽힌 다음 눈을 부릅뜨고 버팁니다. 아이들은 어림도 없고 장정이 끌어야만 끌려갑니다. 그것도 발걸음을 옮기는 것이 아니라 네 발을 땅에 붙인 채 끌려갑니다. 땅에 선명한 자국이 생길 정도입니다.

사람은 한 번 길들어진 습관이나 생각을 좀처럼 바꾸려하지 않습니다. 알려 주고 끌어 주어도 염소처럼 생각을 바꾸지 않습니다. 잘못 알고 있는 것은 고쳐야 합니다. 좋지 않은 습관은 바꾸어야 합니다. 역사도, 전통도, 문화도, 사상도 잘못된 것은 고치는 것이 옳습니다. 전통이기에, 조상 대대로 내려오던 풍습이기에 지켜야 한다는 것은 잘못입니다.

하나님께서 어떻게 말씀하시는가에 귀를 기울여야 합니다.

역사에, 전통에, 조상에, 풍습에 초점을 맞추지 말고 하나님의 말씀에 초점을 맞추어야 합니다.

또 두 번째 소리 있으되 하나님께서 깨끗케 하신 것을 네가 속되다 말라 하더라(행 10:15)

몸에 문신을 새기지 말라

몸에 문신을 새기는 것은 이방인들의 풍습이었습니다. 하나님께서는 이방의 풍습에 대해 항상 단호한 말씀을 하셨습니다. 이방 풍습이나 그들이 섬기는 신이나 그 어떤 문화도 본받지 말라는 말씀입니다. 이방의 문화는 곧 하나님의 말씀과 대립되는 것이었으며 악한 것들이었습니다.

몸에 문신을 새기는 것은 외적인 일입니다. 그러나 외적인 일에 동조되면 곧 내적인 침략을 당하게 됩니다. 마귀의 전략도 이렇습니다. 처음에는 외적인 것으로 미혹한 후 마음까지 무너뜨려 버립니다.

삼손이 처음부터 무너진 것은 아닙니다. 굳게 지켜왔던 나실인의 비밀을 결국은 들릴라에게 알려 주게 되었고 두 눈을 뽑힌 채 끝내는 블레셋 사람들과 함께 죽는 실패자가 되었습니다.

적은 것이라고 소홀히 하면 안됩니다. 적은 것을 허용하다 보면 나중에는 생명까지 바치게 되어 버립니다.

여름철이 되면 몸에 문신을 새긴 사람들을 종종 보게 됩니다. 문신 자체의 능력은 없지만 이미 허용한 마음이 문제입니다. 지킬 것은 지켜야 합니다.

죽은 자를 위하여 너희는 살을 베지 말며 몸에 무늬를 놓지 말라
나는 여호와니라(레 19:28)

너희는 많은 참새보다 귀하니 두려워 말라

아버지와 아들이 강가를 거닐고 있었습니다. 아버지는 새로 산 송아지를
몰고 오시며 흥이 나셨고, 아들은 새로 산 고무신을 신고 신이 나서 걷고
있었습니다. 그러다 아차 실수로 아들이 발을 헛디뎌 물에 빠졌습니다.
"아버지 살려주세요" 아들은 소리를 지르며 떠내려갑니다.

이 순간 아버지는 어떤 행동을 취하실까요? 아들을 살리러 강물로
뛰어들었다가는 새로 산 송아지가 도망가 버릴까봐 "애야 너를 구하고
싶다만 어쩔 수 없구나 새로 산 송아지가 도망가 버리면 장차 우리 집
농사일은 누가 하겠니? 잘 가거라. 부디 용왕님 만나 저승에서 잘 살거라"
라고 하실 아버지가 계실까요?

송아지가 아니라 금송아지라 할지라도 아버지는 한순간도 지체치 않고
아들을 구하러 강물로 뛰어들 것입니다.

새 중에 참새는 가장 흔한 새입니다. 가치도 없고 애완용으로 키우는 사람도
없습니다. 털 색깔이 고운 것도 아니고 울음소리가 예쁜 것도 아닙니다.
참새가 팔려가든 죽든 슬퍼할 사람도 없습니다. 그러나 하나님의 허락
없이는 참새 한 마리의 생명도 땅에 떨어지지 않는다고 하셨습니다. 그러니
우리는 얼마나 귀한 존재입니까? 하나님 앞에 얼마나 특별한 존재입니까?
두려워하지 마십시오 우리는 참새와 비교할 수 없는 귀한 존재입니다.

두려워하지 말라 너희는 많은 참새보다 귀하니라(마 10:31)

▪화(禍)▪가▪되▪는▪일▪

염소 새끼를 그 어미의 젖으로 삶지 말라

염소 새끼를 그 어미의 젖으로 삶는 것은 주술적인 행위였으며 이 관습은 가나안 족속에게 널리 행해지고 있었다고 합니다.

이러한 행위는 참으로 잔인한 인간의 한 단면을 보여 주고 있습니다.

사람만이 할 수 있는 죄악의 본성이라고 생각합니다.

하나님께서는 이와 유사한 계명들을 주신 것이 있습니다.

"딸과 그 어머니를 아울러 취하여 범하지 말라"는 계명이 있고 "어미새와 새끼새를 잡거든 새끼는 취하되 어미새는 반드시 놓아 주라"는 말씀도 있습니다.

사람은 선할 때는 눈물겹도록 아름다울 때가 있습니다. 남을 위해 일생을 헌신하는 사람들도 많고 이웃을 위해 목숨까지 버리는 사람도 있습니다.

그러나 사람이 잔인해질 때는 상상을 초월한 범죄가 수도 없이 일어나고 있습니다.

우리는 이방인들의 주술적인 행위를 본받지 말아야 함은 물론이고 하나님의 놀라운 사랑을 받았기에 우리도 남을 사랑하는 마음을 가져야 할 것입니다.

너는 염소 새끼를 그 어미의 젖으로 삶지 말지니라(출 23:19)

하나님의 양무리를 칠 때 부득이 함으로 하지 말라

여기에 소개되는 말씀은 장로님들에 대한 말씀입니다. 저는 장로님들에 대해 말씀드릴 자격도 없고, 아는 것도 없습니다. 그래서 성경에 나온 말씀을 그대로 옮겨 놓고자 합니다.

"너희 중 장로들에게 권하노니 나는 함께 장로 된 자요 그리스도의 고난의 증인이요 나타날 영광에 참예할 자로라. 너희 중에 있는 하나님의 양무리를 치되 부득이 함으로 하지 말고 오직 하나님의 뜻을 좇아 자원함으로 하며 더러운 이를 위하여 하지 말고 오직 즐거운 뜻으로 하며 맡기운 자들에게 주장하는 자세를 하지 말고 오직 양무리의 본이 되라. 그리하면 목자장이 나타나실 때에 시들지 아니하는 영광의 면류관을 얻으리라"(벧전 5:1~4).

"그러므로 감독은 책망할 것이 없으며 한 아내의 남편이 되며 절제하며 근신하며 아담하며 나그네를 대접하며 가르치기를 잘하며 술을 즐기지 아니하며 구타하지 아니하며 오직 관용으로 다투지 아니하며 돈을 사랑치 아니하며 자기 집을 잘 다스려 자녀들로 모든 단정함으로 복종케 하는 자라야 할지며(사람이 자기 집을 다스릴 줄 알지 못하면 어찌 하나님의 교회를 돌아보리요)"(딤전 3:2~5).

너희 중에 있는 하나님의 양무리를 치되 부득이 함으로 하지 말고
오직 하나님의 뜻을 좇아 자원함으로 하며 더러운 이를 위하여 하
지 말고 오직 즐거운 뜻으로 하며(벧전 5:2)

지혜를 버리지 말라

귀한 것이 많겠지만 그 중에서도 지혜는 으뜸입니다. 오랜만에 대청소를 하면 버릴 것이 많이 나오지만 대청소를 백 번을 해도 버려서는 안될 물건들이 있습니다. 지혜도 마찬가지입니다.

지혜가 얼마나 귀한지 지혜의 왕 솔로몬의 말을 들어보십시오

"지혜를 얻은 자와 명철을 얻은 자는 복이 있나니 이는 지혜를 얻는 것이 은을 얻는 것보다 낫고 그 이익이 정금보다 나음이니라. 지혜는 진주보다 귀하니 너의 사모하는 모든 것으로 이에 비교할 수 없도다.

그 우편 손에는 장수가 있고 그 좌편 손에는 부귀가 있나니 그 길은 즐거운 길이요 그 첩경은 다 평강이니라. 지혜는 그 얻은 자에게 생명나무라 지혜를 가진 자는 복되도다. 여호와께서는 지혜로 땅을 세우셨으며 명철로 하늘을 굳게 펴셨고 그 지식으로 해양이 갈라지게 하셨으며 공중에서 이슬이 내리게 하셨느니라. 내 아들아 완전한 지혜와 근신을 지키고 이것들로 네 눈앞에서 떠나지 않게 하라. 그리하면 그것이 네 영혼의 생명이 되며 네 목에 장식이 되리니 네가 네 길을 안연히 행하겠고 네 발이 거치지 아니하겠으며 네가 누울 때에 두려워하지 아니하겠고 네가 누운즉 네 잠이 달리로다"(잠 3:13~24). "지혜가 제일이니 지혜를 얻으라"(잠 4:7).

지혜를 버리지 말라 그가 너를 보호하리라 그를 사랑하라 그가 너
를 지키리라(잠 4:6)

이 세대를 본받지 말라

가장 하기 쉬운 일은 따라하는 일입니다. 처음 해 보는 일도 따라하면
쉽습니다. 모든 교육은 따라하는 것에서 출발합니다. 태어난 지 얼마 안
되는 아이도 엄마를 보며 배웁니다. 눈을 맞추고 도리도리를 하며 손을 폈다
오므렸다 하며 잼잼도 합니다. 엄마를 따라 말을 배우고 걸음마를 배웁니다.
유치원에서도 따라하고 대학을 가서도 따라합니다. 운동선수도, 예술가도
따라하면서 배웁니다. 그러면서 자기의 세계를 확립해 갑니다. 그러나
따라해서는 안 되는 일도 있습니다. 따라하면 망하는 일이 있습니다.
따라하면 실패하는 일이 있습니다. 따라하면 불행해지는 일이 있습니다.
이 세대는 본받지 말아야 합니다. 따라하지 말아야 합니다.
이 세대의 현주소는 죄악의 한복판에 자리잡고 있습니다. 하나님과는 너무
멀리 떨어져 있습니다. 구원과는 너무 높은 담으로 둘러싸여 있습니다.
이 세대를 본받아 따라간 사람들이 모두 실패했습니다. 영생을
잃어버렸습니다. 잠시 누리는 세상의 맛을 보았을지 모르지만 영원한 삶을
빼앗겨 버렸습니다. 이 세대는 빼앗아 가는 곳입니다. 주는 것 같지만
서서히 뺏어 갑니다. 모든 것을 빼앗아 갑니다.
이 세대를 본받지 말고 하나님의 뜻을 분별해야 합니다.

너희는 이 세대를 본받지 말고 오직 마음을 새롭게 함으로 변화를
받아 하나님의 선하시고 기뻐하시고 온전하신 뜻이 무엇인지 분별
하도록 하라(롬 12:2)

마음에 할례를 행하고 목을 곧게 하지 말라

할례는 선민인 이스라엘 백성에게 내리신 외형적 규례였습니다.
이스라엘 백성은 반드시 육체의 할례를 받아야 했습니다. 이는 곧 하나님의
백성이라는 표식이었습니다. 그래서 이스라엘 백성은 요단을 건너 가나안을
정복하기 전에 길갈에서 할례를 행했습니다. 이는 애굽에서 나온 백성은
할례를 받았으나 그 후 광야에서 태어난 백성들은 할례를 받지 못했기
때문이었습니다. 그러나 이 육체의 외형적 할례는 구약시대에 이스라엘
백성에게만 요구되었던 율법 규정이었으며 외형적 할례 그 자체가 구원의
필수 요소는 아니었습니다.

육체의 할례보다 더 중요한 것은 마음의 할례입니다. 마음에 할례를 받아야
마음이 열리고 완고하지 않으며 하나님의 뜻에 순종할 수 있습니다.

하나님께서는 순종이 제사보다 낫다고 하셨습니다. 순종은 마음에 할례를
받아야 할 수 있습니다.

목이 곧은 것은 자기가 강한 것입니다. 말씀을 순종하지 않고 자기 고집대로
사는 것입니다. 마음에 할례를 받아 새로워지지 않으면 목이 뻣뻣해집니다.
교만해집니다.

목이 부드러워야 합니다. 그래야 일생이 꺾이지 않습니다.

그러므로 너희는 마음에 할례를 행하고 다시는 목을 곧게 하지 말래(신 10:16)

오직 선을 행하고 서로 나눠주기를 잊지 말라

하나님의 계명을 크게 두 가지로 나누면 위로 하나님께 순종하고 아래로는
이웃을 사랑하는 것입니다. 이웃 사랑의 가장 좋은 방법은 주는 것일
것입니다. 사랑해 주고 이해해 주고, 걱정해 주고, 도와주고, 마음써 주고,
격려해 주는 것일 것입니다. 꼭 어떤 물질적인 것이 아닐지라도 나누어주는
것이 사랑일 것입니다. 지금 생각해 보면 어릴 적 시골 인심이 바로 이런
삶이었다고 생각됩니다. 무엇이나 나누어 먹었습니다. 마치 탁구공이
네트를 쉴새없이 오고가듯이 인심이 오고갔습니다. 감자가 오고가고
고구마가 따라서 오고갔습니다. 수박이 넘어 가면 참외가 넘어오고 파전이
넘어가면 부추전이 넘어왔습니다. 덕분에 심부름도 많이 다녔습니다.
앞집으로 뒷집으로, 옆집으로, 개울 건너 할아버지 집으로, 언덕아래 혼자
사시는 할머니 집까지 자주 다녔습니다. 철가방이 있었다면 배달도 쉬웠을
텐데 보자기에 싸거나 손으로 들고 다녔습니다. 때로는 심부름을 가다 말고
아이들과 딱지치기를 하다 돌아올 시간이 지났는데도 오지 않은 저를 찾아
나선 어머니께 꾸중을 듣기도 했습니다. 정신없이 노는 사이에 강아지가
물고 도망을 치는 바람에 온 마을을 뛰어다닌 일도 있습니다. 그 때의
훈훈했던 인심이 오늘날도 있다면 얼마나 좋을까요

오직 선을 행함과 서로 나눠주기를 잊지 말라 이 같은 제사는 하나
님이 기뻐하시느니래(히 13:16)

▪화(禍)▪가▪되▪는▪일▪

선지자가 이적과 기사를 보이며
다른 신을 소개해도 청종치 말라

사람은 기적에 약합니다. 조금만 신기한 일이 일어나면 쉽게 미혹됩니다.
가끔 약장사들이 마을에 왔습니다. 그러면 사람들이 구름처럼 모여듭니다.
갓난아이나 임종을 앞둔 노인을 빼고는 마을 사람 모두가 다 모입니다.
등에는 큰 북을 메고 발을 구르면 둥둥 소리가 나는 것도 신기하지만 처음
보는 원숭이가 재주를 부리고 배 위에 무를 올려놓고 칼을 내리쳐 무만
잘라낼 때는 숨도 제대로 쉬지 못했습니다. 입에서 불을 토해내기도 하고
시퍼런 작두 위를 맨발로 걷기도 했습니다. 그러면서 꼭 약을 팝니다.
만병통치약이라는 것입니다. 갓난아이로부터 호호백발에 이르기까지 안
듣는 곳이 없이 대단한 약이라고 선전합니다.
뒤늦게 안 사실이지만 신기한 마술을 보고 정신이 나간 촌사람들이 가짜
약을 많이도 샀습니다.

이방신을 소개하는 선지자들은 꼭 이적과 기사를 보이며 미혹했습니다.
이러한 미혹에 넘어가는 사람들이 예전에도 많았고 오늘날도 많습니다.
과거를 알아 맞추고, 고민거리를 족집게처럼 알아 맞춰서 미혹합니다.
대학가도, 지성인들도, 정치가들도, 사업가들도 이들의 미혹에 마음을
뺏기고 있습니다.

미혹되지 말아야 합니다. 우리에게는 영구불변의 진리인 하나님의 말씀이 있습니다. 말씀 외의 것은 무엇이든 청종치 말아야 합니다.

> 너는 그 선지자나 꿈꾸는 자의 말을 청종하지 말라 이는 너희 하나님 여호와께서 너희가 마음을 다하고 성품을 다하여 너희 하나님 여호와를 사랑하는 여부를 알려하사 너희를 시험하심이니라(신 13:3)

▪화(禍)▪가▪되▪는▪일▪

부지런하여 게으르지 말라

게으름은 가장 걸리기 쉬운 병입니다. 감기가 걸리기 쉬운 병이라 하지만
감기보다 걸리기 쉬운 병이 게으름 병입니다. 거기다가 감기는 일주일 정도
고생하면 치료될 수 있지만 게으름 병은 한 번 걸리면 치료가 보통 어려운
것이 아닙니다. 보통 약으로는 어림도 없고 웬만한 수술로도 완치가
어렵습니다. 그래서 항상 몸과 마음을 추스르고 긴장해야 합니다.
세상에는 게으름병 환자가 얼마나 많은지 잠언서는 거듭거듭 경고 방송을
내리고 있습니다.

"네 눈으로 잠들게 하지 말며 눈꺼풀로 감기게 하지 말고"(잠 6:4).

"게으른 자여 개미에게로 가서 그 하는 것을 보고 지혜를 얻으라"(잠 6:6).

"좀더 자자, 좀더 졸자, 손을 모으고 좀더 눕자 하면 네 빈궁이 강도같이
오며 네 곤핍이 군사같이 이르리라"(잠 6:10~11).

"손을 게으르게 놀리는 자는 가난하게 되고 손이 부지런한 자는 부하게
되느니라"(잠 10:4).

"게으른 자는 그 부리는 사람에게 마치 이에 초 같고 눈에 연기
같으니라"(잠 10:26).

"게으른 자는 그 잡을 것도 사냥하지 아니하나니 사람의 부귀는 부지런한
것이니라"(잠 12:27).

"자기의 일을 게을리 하는 자는 패가하는 자의 형제니라"(잠 18:9).

“게으름이 사람으로 깊이 잠들게 하나니 해태한 사람은 주릴 것이니라(잠 19:15).

“게으른 자는 가을에 밭갈지 아니하나니 그러므로 거둘 때에는 구걸할지라도 얻지 못하리라”(잠 20:4).

“게으른 자는 말하기를 사자가 밖에 있은즉 내가 나가면 거리에서 찢기겠다 하느니라”(잠 22:13).

“문짝이 돌쩌기를 따라서 도는 것같이 게으른 자는 침상에서 구으느니라”(잠 26:14).

부지런하여 게으르지 말고 열심을 품고 주를 섬기래(롬 12:11)

▪화(禍)▪가▪되▪는▪일▪

입술을 벌린 자와 사귀지 말라

입술이 항상 열려 있는 사람이 있습니다. 발이 땅에 붙어 있지 않는 사람이
있습니다. 항상 두루 돌아다니며 이말 저말을 옮겨 놓는 사람들입니다.
사람이 참기 어려운 욕구가 한 가지 있습니다. 남의 말을 들으면 옮겨 주지
않으면 배겨나지 못하는 심정입니다. 특히 남의 허물이나 비밀을 어디서
듣게 되면 그걸 여기저기 퍼뜨리지 못해 몸살을 앓습니다. 옛날에는 여기저기
돌아다니며 소문을 퍼뜨렸는데 요즘은 시대가 좋아져서 돌아다니지 않아도
잘도 퍼뜨릴 수 있습니다. 전화통만 붙들면 이웃이든 지방이든 심지어
외국까지 편하게 말할 수 있습니다. 그러니 옛날에 돌아다니며 퍼뜨렸던
사람들보다 몇 배나 더 많이 퍼뜨릴 수 있게 되었습니다.
입술을 벌리지 마십시오. 남의 허물을 광고하지 마십시오. 그리고 그런
사람과는 절대로 사귀지 마십시오. 똑같은 사람이 되고 맙니다.
까마귀 틈에 끼면 까마귀가 되듯이, 입술을 벌리고 돌아다니는 사람과
가까이 하면 내 입술도 악한 입술이 됩니다.
친구의 입술을 유심히 살펴보세요.
얼마나 입술을 벌리고 다니는지 살펴보세요.

두루 다니며 한담하는 자는 남의 비밀을 누설하나니 입술을 벌린
자를 사귀지 말지니라(잠 20:19)

스스로 지혜 있는 체 말라

이 말씀은 잠언 3장 7절을 인용한 것입니다.

"스스로 지혜롭게 여기지 말지어다 여호와를 경외하며 악을 떠날지어다."

이렇게 할 때 이런 약속의 말씀이 이어집니다. "이것이 네 몸에 양약이 되어 네 골수로 윤택하게 하리라." 그렇습니다. 지혜는 사람에게 있지 않습니다. 하나님께로부터 주어집니다. 하나님께서 지혜를 주시면 지혜로운 자가 되고, 하나님께서 버리시면 어리석은 자가 됩니다. 지혜는 돈으로 살 수 없고, 권력으로 빼앗을 수도 없습니다. 지혜로운 사람은 스스로 지혜 있는 체 하지 않습니다. 지혜가 자기에게서 나온 것이 아닌 것을 알기 때문입니다. 어리석은 사람은 자신이 지혜로운 줄 알다가 멸망으로 끌려갑니다. 멸망으로 끌려가면서도 그 길이 멸망의 길인지도 모른 채 말입니다. 스스로를 지혜롭게 여기지 않고 하나님을 경외하는 사람은 그것이 몸에 양약이 된다고 하셨습니다. 온몸을 살린다는 것입니다. 그것이 골수로 윤택하게 하신다고 하셨습니다. 온몸의 뼈가 기름지고 건강하다는 것입니다. 영육이 아울러 복락을 누리게 됩니다. 많이 배우셨습니까? 아는 것이 많으십니까? 그러나 하나님의 지혜에 비해 얼마나 알고 계십니까? 하나님 앞에서 낮추십시오 그리하면 높여 주실 것입니다.

서로 마음을 같이하여 높은 데 마음을 두지 말고 도리어 낮은 데 처
하며 스스로 지혜 있는 체 말라(롬 12:16)

▪ 화(禍) ▪ 가 ▪ 되 ▪ 는 ▪ 일 ▪

노를 품은 자와 사귀지 말라

화를 잘 내는 사람이 있습니다. 사람이 살다보면 화를 낼 수 있습니다.
그러나 순간순간 화를 내지만 화를 이내 지워버리는 사람이 있는가 하면
그 화를 품고 지내는 사람이 있습니다. 사람이 칼을 가지고 다닐 때가
있습니다. 추수 감사주일이 되면 회사에서 사과 깎기 대회가 있습니다.
부서별로 대표선수가 나와서 정해진 시간 내에 사과를 길게 깎는 것입니다.
껍질이 끊어지지 않게 조심조심 깎아서 가장 길게 깎은 부서에게 상이
주어집니다. 그 날 아침 집에서 쓰던 칼 중에서 가장 잘 드는 칼을 골라
신문지에 둘둘 말아 출근길에 나섰습니다. 그 당시는 시국이 어수선해서
데모도 많고 검문 검색도 많았습니다. 생각 없이 칼을 가지고 나왔다가
전경들을 보고 또 앞사람이 가방을 검색 받는 것을 보자 겁이 났습니다.
시퍼런 칼을 신문지에 싸서 들고 있으니 알리바이가 성립될지
걱정이었습니다. 다행이 검문은 받지 않았습니다. 저는 특별한 일이 있어
칼을 갖고 있었습니다. 그러나 항상 칼을 품고 다니는 사람이 있습니다.
그런 사람을 우리는 강도라고 부릅니다. 화를 언제나 품고 다니는 사람도
강도입니다. 화를 쉽게 풀어버리지 못하는 사람은 강도 후보생입니다.
화를 다스리십시오 빨리빨리 정리해서 내보내십시오

노를 품는 자와 사귀지 말며 울분한 자와 동행하지 말지니 그 행위를
본받아서 네 영혼을 올무에 빠질까 두려움이니래(잠 22:24 ~25)

생명을 사랑하고 좋은 날 보기를 원하는 자는 혀를 금하여 악한 말을 그치며 그 입술로 궤휼을 말하지 말라

누구나 생명을 사랑합니다. 생명은 그 무엇보다 귀하기 때문입니다. 성공을 하고, 재산을 모으고, 명예와 권세를 얻었다 해도 생명을 잃으면 의미가 없습니다. 생명을 얻기 위한 인간의 투쟁은 처절하기까지 합니다.
생명을 유지하기 위해서 극한 상황에서는 뱀도 잡아먹습니다. 지렁이도 먹습니다. 자신의 오줌을 먹기까지 합니다. 누구나 좋은 날 보기를 원합니다. 오늘이 힘들고 어려워도 참아낼 수 있는 것은 좋은 날을 기다리기 때문입니다. 살을 에일 듯한 추위를 연탄불 하나에 의존하며 군밤을 굽는 아주머니는 아들이 성공해서 자기를 따뜻한 안방으로 모셔줄 좋은 날을 바라보며 추위를 이겨냅니다. 사람에게 좋은 날이 없다면 살아갈 힘이 없어질 것입니다. 생명을 얻는 길이 있습니다. 좋은 날을 맞이할 수 있는 비결이 있습니다. 세상의 생명뿐 아니라, 세상의 좋은 날뿐 아니라 영원한 생명을 얻고, 영원히 누릴 수 있는 좋은 날을 소유하는 비결이 있습니다.
혀를 금하여 악한 말을 그쳐야 합니다.
입술로 궤휼을 말하지 말아야 합니다.

생명을 사랑하고 좋은 날 보기를 원하는 자는 혀를 금하여 악한 말
을 그치며 그 입술로 궤휼을 말하지 말고(벧전 3:10)

▪ 화(禍) ▪ 가 ▪ 되 ▪ 는 ▪ 일 ▪

부자 되기에 힘쓰지 말라

누구나 부자가 되고 싶어합니다. 잘 살고 싶은 욕망이 없는 사람이
있을까요? 부자가 나쁜 것은 아닙니다. 부자는 좋은 것입니다. 그러나
부자가 되려고 힘쓰다 보면 반드시 무리수를 두게 되어 있습니다. 정상적인
방법에서 떠나기 쉽습니다. 부자가 되어 잘 살려하다가 오히려 망하는
경우가 더 많습니다. 옛날에 남편을 일찍 잃고 두 아들을 가난하게 키우는
어머니가 있었다고 합니다. 끼니를 제대로 이을 수도 없는 찢어지게 가난한
살림을 살았지만 맑게 살았습니다. 그러던 어느 비 내리는 날이었습니다.
끼니 걱정을 하며 누워 있는 어머니의 귀에 이상한 금속성 소리가
들려왔습니다. 초가 지붕을 타고 떨어지는 빗방울의 소리가 예전과
달랐습니다. 밖으로 나온 어머니의 눈에 반짝이는 무엇인가가 보였습니다.
추녀를 타고 떨어진 빗방울에 땅이 파였고 땅속에 항아리가 묻혀 있었는데
그 속에는 보화가 가득 들어 있었습니다. 하늘이 내려주신 선물이라
생각하여 항아리를 캐냈으나 어머니는 마음이 편치 못했습니다. 이것이면
평생을 부자로 살 수 있겠지만 오히려 금덩어리가 불러올 자식들과 가정의
불행이 더 마음에 걸렸습니다. 어머니는 항아리를 더 깊이 묻어 버리고
두 아들을 데리고 멀리 아주 멀리 이사를 했다고 합니다.
그 후 두 아들은 훌륭한 인물이 되었다고 합니다.

부자 되기에 애쓰지 말고 네 사사로운 지혜를 버릴지어다(잠 23:4)

그리스도 예수로 자랑하고 육체를 신뢰하지 말라

자랑 중에 몇 가지 어리석은 자랑이 있습니다. 돈 자랑, 힘 자랑, 인물자랑이

그것입니다. 이 자랑들이 어리석은 자랑임에도 또 가장 하기 쉬운

자랑입니다. 이 자랑들을 어떤 사람들은 노골적으로 표현하기도 하고 또

어떤 사람들은 자랑 안 하는 것처럼 하면서 은근히 자랑하기도 합니다.

직접 말은 안 해도 행동이나 분위기로 표현해서 나 이런 사람이다. 알겠냐?

하는 식으로 표현합니다. 사실 이런 자랑거리를 갖고 있으면서도 자랑하지

않기란 여간 어려운 일이 아닙니다. 실력을 갖고 있고, 재능을 갖고 있고,

좋은 배경을 갖고 있는 사람이 자랑하지 않기란 쉽지 않습니다. 하다못해

"나 어떤 연예인이랑 같은 식당에서 식사했다." "나 농구스타랑 악수했다."

이런 것들도 대단한 자랑거리가 되고 또 부러움의 대상이 되고 있으니 만약

그 연예인의 친구만 된다면 어깨에 힘을 주고 입에 거품을 물고 자랑할

것입니다. 육체를 자랑하지 마십시오 육체를 신뢰하지 마십시오

모든 육체는 풀과 같고 그 모든 영광이 풀의 꽃과 같으니 풀은 마르고 꽃은

떨어진다 하였습니다. 얼마 전 TV에서 세기의 미인이라는 엘리자베스

테일러를 보았습니다. 옛 모습은 간데 없고 주름살로 가득 차 있었습니다.

불과 몇 년만에 말입니다. 자랑하려면 예수 그리스도로 자랑하십시오

하나님의 성령으로 봉사하며 그리스도 예수로 자랑하고 육체를 신
뢰하지 아니하는 우리가 곧 할례당이래(빌 3:3)

▪화(禍)▪가▪되▪는▪일▪

죄인의 형통을 부러워 말라

그리스도인들이 갈등하는 문제 중 한 가지가 죄인들의 형통함을 보는
것입니다. 하나님께서는 행한 대로 갚으신다고 하셨고, 의인에게는
천대까지 복을 내리시고 악인에게는 삼 사대까지 화를 내리신다고
하셨는데 어찌하여 악인들이 득세하고 잘 사는가 하는 것입니다.

여기에 있는 해답은 시편 73편에 있습니다.
"하나님이 참으로 이스라엘 중 마음이 정결한 자에게 선을 행하시나 나는
거의 실족할 뻔하였고 내 걸음이 미끄러질 뻔하였으니 이는 내가 악인의
형통함을 보고 오만한 자를 질시하였음이로다. 저희는 죽는 때에도 고통이
없고 그 힘이 건강하며 타인과 같은 고난이 없고 타인과 같은 재앙도
없나니 그러므로 교만이 저희 목걸이요 강포가 저희의 입는 옷이며
살찜으로 저희 눈이 솟아나며 저희 소득은 마음의 소원보다 지나며 저희는
능욕하며 악하게 압제하여 말하며 거만히 말하며 저희 입은 하늘에 두고
저희 혀는 땅에 두루 다니도다. 그러므로 그 백성이 이리로 돌아와서 잔에
가득한 물을 다 마시며 말하기를 하나님이 어찌 알랴 지극히 높은 자에게
지식이 있으랴 하도다."

그렇습니다. 이러한 악인의 형통을 보고 아삽은 실족할 뻔했습니다.
그러나 그가 성전에 올라가 기도할 때에 악인의 결국을 보았습니다.

"주께서 참으로 저희를 미끄러운 곳에 두시며 파멸에 던지시니 저희가 어찌 그리 졸지에 황폐되었는가 놀람으로 전멸하였나이다. ……

하나님께 가까이 함이 내게 복이라 내가 주 여호와를 나의 피난처로 삼아 주의 모든 행사를 전파하리이다"(시 73:1~28).

> 네 마음으로 죄인의 형통을 부러워하지 말고 항상 여호와를 경외하
> 라(잠 23:17)

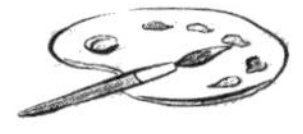

• 화(禍) • 가 • 되 • 는 • 일 •

음란과 호색하지 말라

음란은 사람이 저지르기 쉬운 가장 기본적인 죄악입니다. 언제나 곁에 있고

그 속에 살며 그 세력의 지배 속에 살기에 참으로 빠지기 쉬운 죄입니다.

사람이 모인 곳에는 예나 지금이나 음란이 있었습니다.

그 옛날 까마득히 먼 옛날인 노아시대에도 음란이 가득했습니다.

하나님께서 물로 멸하시기까지 참지 못하신 것을 보면 짐작할 수 있습니다.

소돔과 고모라도 다름이 없었습니다. 롯을 방문한 천사까지도 범하겠다고

덤벼드는 소돔성의 도덕은 땅에 떨어져 있었습니다. 하나님께서는 이번에는

불과 유황불로 멸하셨습니다. 요셉의 시대에도, 바벨론의 시대에도,

로마시대에도 음란은 세상을 뒤덮고 있었습니다. 화산폭발로 뒤덮여 버린

폼페이도 온통 음란 투성이 였습니다.

오늘의 우리의 주변은 어떻습니까? 주택가는 어떻습니까? 대학가는

어떻습니까? 학원가는 어떻습니까? 무엇이 판을 치고 있습니까? 어떤

문화가 거리를 메우고 있습니까?

순결을 지키십시오 순결은 목숨보다 중요합니다.

낮에와 같이 단정히 행하고 방탕과 술 취하지 말며 음란과 호색하
지 말며 쟁투와 시기하지 말고(롬 13:13)

술과 고기를 탐하는 자와 사귀지 말라

가야할 길이 있고 가지 말아야 할 길이 있습니다. 방탕의 길은 가지 말아야 할 길입니다. 술을 즐겨하는 자와 고기를 탐하는 자는 세상의 연락을 즐기는 자를 말합니다. 연락에 빠진 사람은 영적으로 죽은 사람입니다. 죽은 사람과 사귀는 것처럼 어리석은 사람은 없을 것입니다. 바울 사도는 디모데서에서 이렇게 말씀합니다. "일락을 좋아하는 이는 살았으나 죽었느니라."

우리 주위에는 연락을 즐기는 사람들이 있습니다. 얼핏 보면 멋지게 사는 것 같습니다. 호탕하고 시원시원합니다. 그래서 그 주위에는 사람들이 모입니다. 친구도 잘 사귀고 의리도 있는 것 같습니다. 그렇지만 그런 인생은 매운탕 집 수족관에 갇힌 쏘가리처럼 언제 손님의 밥상에 오를지 모릅니다. 비싼 값을 받기 위해 주는 주인의 먹이를 받아먹고 사니 우선은 편하겠지요

그러나 언제 손님이 와서 "저놈으로 끓여주세요" 할지 모릅니다.

사람을 사귈 때 조심해서 사귀십시오 연락을 좋아하는 자와 사귀면 영이 죽습니다. 영이 죽으면 화병에 꽂힌 꽃과 같습니다.

잘 사귀는 사람이 잘 사는 사람입니다.

술을 즐겨하는 자와 고기를 탐하는 자로 더불어 사귀지 말라(잠 23:20)

다른 사람의 죄에 간섭지 말라

자신의 일보다는 남의 일에 더 많은 신경을 쓰는 사람이 있습니다. 자신은 제대로 못하면서 남의 일에 이래라 저래라 간섭하며 다니는 사람이 있습니다. 이 사람은 이것이 문제이고 저 사람은 저것이 문제라고 지적하며 열을 올리지만 막상 자신의 문제는 제대로 바라보지 못합니다.

동네 일을 다 참견하고 다니는 사람이 있었습니다. 집집마다 일이 있으면 이분이 빠지는 법이 없습니다. 일을 순서대로 제대로 처리하면 그나마 도움이 될 수도 있는데 이분의 일 처리는 천방지축입니다. 그 집의 입장도, 상황도 아랑곳없이 자기 멋대로 합니다. 그리고 말이 많습니다. 모르는 것도 없습니다.

그러나 막상 그 집을 살펴보면 말이 아닙니다. 부부간에 갈라져 살고 있고, 자식들은 가출하고 없습니다. 그런데도 이래라 저래라 훈계가 장황합니다. 싸움에도 끼어 들어서 처음에는 말리는 것 같은데 나중에 보면 자기가 싸우고 있습니다. 처음에 싸우던 사람들은 어이가 없어 바라보다가 오히려 화해하는 경우도 있습니다.

다른 사람에 앞서 나부터 살펴보아야 합니다.

다른 사람의 죄에 간섭지 말고 네 자신을 지켜 정결케 하라(딤전 5:22)

허망한 풍설을 전파하지 말라

근거 없는 이야기를 퍼뜨리고 다니는 사람이 있습니다. 확인된 말도 아니고 사실인지 아닌지의 여부도 모르고 자신이 직접 목격한 일도 아닌 전혀 근거 없는 이야기들을 주워 모아 퍼뜨리는 것입니다.

저희 마을에 정신이 온전치 못한 아주머니가 계셨습니다. 이 아주머니는 마을 집집을 돌아다니며 못쓰는 것들만 주워 모읍니다. 쓸 수 없어 내다 버린 것들만 구석구석 뒤져서 찾아냅니다. 깨진 병, 찌그러진 깡통, 바닥 없는 고무신, 부러진 호미, 날은 다 부러져 나가고 몸통만 남은 빗, 더 이상 기울 수가 없어 내다버린 저고리 등 이런 것들만 잔뜩 주워 모아다가는 남의 집 마루에다 갖다 놓습니다.

우리 주변에도 이런 분들이 있습니다. 아무런 유익도 없는 소문, 쓸데없는 이야기 거리들, 확인되지도 않은 남의 허물들, 헛된 신화 등 내다버려야 할 풍설들을 모아다가 사람만 보면 꺼내 놓는 사람들이 있습니다.
허망한 풍설은 듣지도 전하지도 마십시오 오직 참된 것을 말하고 진리를 전파해야 할 것입니다.

너는 허망한 풍설을 전파하지 말며 악인과 연합하여 무함하는 증인
이 되지 말며(출 23:1)

• 화(禍) • 가 • 되 • 는 • 일 •

미련한 자의 귀에 말하지 말라

왜 미련한 자의 귀에 말하지 말라고 하셨을까요? 미련한 자에게 가르쳐서 깨우쳐 주어야 할텐데 말하지 말라고 하시니 이상합니다.

미련한 자와 어리석은 자는 의미가 다릅니다.

어리석은 자는 마음이 열려 있어서 어떤 가르침에도 분별없이 따라가는 위험한 사람입니다. 선과 악을 분별하지 못합니다. 생명의 길과 사망의 길을 분별하지 못합니다. 악이 손짓해도 따라가고 사망의 길이 유혹해도 달려갑니다.

그러나 미련한 사람은 어둡고 악한 생각을 가진 사람입니다.

마음이 강퍅하고 교만으로 가득 찬 사람입니다. 성경에서는 이런 사람을 가리켜 개와 돼지로 비유합니다.

성경은 이런 사람들에게는 침묵할 것을 가르칩니다.

예수님께서는 온갖 사악한 마음으로 가득 찬 헤롯의 교만한 심문 앞에서 아무 말도 대답지 않으셨습니다. 거룩한 것을 개에게 주지 말며 너희 진주를 돼지 앞에 던지지 말라고 하셨습니다. 미련한 자들은 오히려 거룩함과 진리를 발로 밟고 주는 자까지 상하게 한다고 하셨습니다.

미련한 자의 미련은 절구에 넣고 빻아도 벗겨지지 않는다고 하셨습니다.

미련한 자의 귀에 말하지 말라 이는 그가 네 지혜로운 말을 업신여
길 것임이니라(잠 23:9)

늙은 어미를 경히 여기지 말라

백발은 영화의 면류관이라 했습니다. 임금의 왕관도 존귀하고 마라톤
우승자에게 주어지는 월계수 면류관도 귀합니다. 그렇지만 그보다 못지
않은 면류관이 있습니다. 바로 백발입니다. 수십 년의 인생역경을 이겨내고
꽃피운 백발입니다. 숱한 고난을 이겨내고, 역경을 뚫고 달려왔으며 수시로
부딪쳐 오는 험한 파도들을 이겨낸 백발입니다. 학문적인 지식을 쌓았건
쌓지 못했건 이 분들의 경험과 삶은 귀한 것입니다.

요즘 연세 높으신 어른들을 경시하는 풍조가 있습니다. 답답하다는
것입니다. 안 통한다는 것입니다. 시대를 이해하지 못한다는 것입니다. 낡은
사고 방식을 가졌다는 것입니다.

그렇다면 젊은 사람들의 판단이 언제나 옳았습니까? 젊은이들의
사고방식이 얼마나 그분들을 앞섰으며 얼마나 사회를 밝게 했습니까?
솔로몬의 아들 르호보암은 아버지 솔로몬 왕과 함께 나라를 다스렸던
경험과 생각이 깊은 백발의 의견을 무시하고 자기 또래의 말만 듣다가
왕국을 분열시키고 죄악과 저주로 백성을 이끌고 간 엄청난 잘못을
자초했습니다. 늙은 어머니가 답답하신가요? 잔소리만 하시나요?
경청하십시오. 순종하십시오. 여기에 진리가 있습니다.

너 낳은 아비에게 청종하고 네 늙은 어미를 경히 여기지 말지니라(잠 23:22)

"

이 세상이나 세상에 있는 것들을 사랑하지 말라

세상을 사랑하는 사람들이 많습니다. 세상에 기쁨이 있는 줄로 생각하고 자꾸만 세상 속으로 깊이 들어갑니다. 그러나 세상은 깊이 들어갈수록 허무와 좌절만 깊어집니다.

세상에 있는 것들을 사랑하는 사람들이 많습니다. 세상에 있는 것들을 붙잡으면 행복이 있는 줄 알고 끝없이 쫓아다닙니다. 돈에 행복이 있는 줄 알고 돈을 얻어보니 허무도 더합니다. 권력에 행복이 있는 줄 알고 목숨걸고 누려봤더니 좌절과 배신만 얻었다고 고백하는 사람들이 많습니다.

인기에 행복이 있는 줄 알고 온갖 연기를 다해 올라 보았더니 인기 바로 뒤에 따라오는 눈물이 더 진했다고 고백하는 분들이 많습니다.

세상이 주는 기쁨은 잠시 뿐, 내 곁에 있어 주지 않습니다.

세상이 주는 행복은 잠시 뿐, 갈증과 허무만 내려놓고 떠납니다.

세상에 있는 것들은 아침 이슬과도 같이 사라지고 맙니다.

이 세상은 지나갑니다. 육신의 정욕도 지나갑니다. 손을 들어도 지나가 버리고, 앞을 가로막으면 나를 넘어갑니다.

오직 하나님의 뜻을 행하는 사람만이 영원합니다.

이 세상이나 세상에 있는 것들을 사랑치 말라 누구든지 세상을 사
랑하면 아버지의 사랑이 그 속에 있지 아니하니(요일 2:15)

말을 얻으러 애굽으로 돌아가지 말라

말은 사람에게 필요한 동물입니다. 먼길을 갈 때도 말은 큰 역할을
감당했습니다. 그렇지만 말은 전쟁이나 권위의 수단으로 더 많이 사용되어
왔습니다.

이스라엘은 말을 이방인의 사치와 물리적 힘에 의한 국방력의 상징으로
보고 반대했습니다. 모세와 사무엘은 왕들이 이방 사람들처럼 쾌락과
전쟁을 위해 말을 늘리려 한다고 경고했습니다.
말을 얻으려 하고, 말을 의지하는 것은 곧 하나님을 떠나는 것과 이어져
왔습니다. 이스라엘의 역대 왕들이 한결같이 걸어온 길은 사람을 의지하고
말을 의지할 때는 패망했고 오직 하나님만 의지했을 때는 승리했음을
거듭거듭 보여주고 있습니다.

승리는 말에 있지 않았습니다. 군사의 수에 있지 않았습니다. 무기의
우월함에 있지 않았습니다. 전술에 있지 않았습니다. 세상을 의지하느냐
하나님을 의지하느냐에 따라 승리와 패배가 언제나 나누어졌습니다.

"구스 사람 세라가 저희를 치려하여 군사 백만과 병거 삼백승을 거느리고
마레사에 이르매 아사가 마주 나아가서 마레사의 스바다 골짜기에 진치고
그 하나님 여호와께 부르짖어 가로되 여호와여 강한 자와 약한 자 사이에서

주밖에 도와줄 이가 없사오니 우리 하나님 여호와여 우리를 도우소서
우리가 주를 의지하오며 주의 이름을 의탁하옵고 이 많은 무리를 치러
왔나이다 여호와여 주는 우리 하나님이시오니 원컨대 사람으로 주를
이기지 못하게 하옵소서 하였더니 여호와께서 구스 사람을 아사와 유다
사람 앞에서 쳐서 패하게 하시니"....

승리는 하나님을 의지하는 자의 몫입니다.

왕된 자는 말을 많이 두지 말 것이요 말을 많이 얻으려고 그 백성
을 애굽으로 돌아가게 말 것이니(신 17:16)

형제 사랑하기를 계속하고 손님 대접하기를 잊지 말라

무슨 일이든지 선한 일을 하는 것은 좋은 일입니다. 그러나 아무리 좋은 일이라도 한 번으로 그쳐버리고 계속되지 않으면 아쉬운 일입니다.

사랑도 계속되어야 하고, 남을 대접하는 일도 계속되어야 합니다. 봉사도 계속되어야 하고, 감사도, 충성도 계속되어야 합니다. 좋은 일은 계속되어야 가치가 있는 것이지 한 번으로 그쳐버리면 가치가 없습니다.

어머니의 사랑이 귀한 것은 한결같기 때문입니다. 괴로울 때에도, 아플 때에도, 성공했을 때에도, 실패했을 때에도, 변함없이 사랑이 계속되기 때문에 귀한 것입니다. 승리도 계속되어야 가치가 있습니다. 축구도, 농구도, 배구도 승리가 계속되어야 좋은 팀이 되고 우승의 영광과 감격을 누리게 됩니다. 어쩌다 한 번 이기는 팀이 되면 우승의 영광과는 거리가 멀어지게 됩니다. 믿음의 조상 아브라함은 한결같이 잘했습니다. 어쩌다 한 번 잘하는 것이 아니라 하나님 앞에서 언제나 잘했습니다. 순종도 언제나 잘했고 남을 대접하는 일도 언제나 잘했습니다. 그리하여 천사도 대접하게 되었고 아들의 약속도 받고 소돔과 고모라를 멸하신다는 하나님의 심판의 메시지도 알게 되어 롯을 위해 기도할 수 있는 은혜도 받았습니다.

좋은 일을 하고 계시나요? 계속, 계속 하십시오

형제 사랑하기를 계속하고 손님 대접하기를 잊지 말라 이로써 부지
중에 천사들을 대접한 이들이 있었느니라(히 13:1~2)

▪화(禍)▪가▪되▪는▪일▪

진리를 사고 팔지 말라

귀한 것은 사고 팔 수 없습니다. 생명을 사고 팔 수 없습니다. 정조를 사고 팔 수 없습니다. 신앙을 사고 팔 수 없습니다. 자식을 사고 팔 수 없습니다. 진리도 사고 팔 수 없습니다.

그런데도 불구하고 죄악된 세상에서는 이 모두가 거래되고 있습니다. 동물을 복제하더니 이제는 사람까지 복제하려는 움직임이 일어나고 있습니다. 생명과도 같은 정조를 어린 나이에 포기하고 죄악으로 굴러 떨어지는 일이 많습니다. 신앙을 팔아 돈을 벌고 사기를 치는 사람도 있습니다. 자식을 술집에 팔아 넘기는 파렴치한 부모도 있습니다. 진리를 사수하지 못하고 팔아 넘기는 거짓된 사람도 있습니다.
물론 극히 일부일 것입니다. 대다수의 사람들은 그렇지 않을 것입니다. 비록 소수일지라도 그런 분들을 위해 기도해야 할 것입니다.

진리는 무엇보다 귀합니다. 진리는 삶을 지탱하는 기둥이요 근본입니다. 진리는 생명이며 곧 그리스도 예수입니다.

진리를 사고서 팔지 말며 지혜와 훈계와 명철도 그러할지니라(잠 23:23)

선을 행하되 낙심하지 말라

좋은 일 앞에는 언제나 장애물이 있습니다. 선한 일을 하려면 반드시 시험과 고난이 앞을 막습니다. 전 후반 90분밖에 뛰지 않는 축구 경기에서도 골 하나를 넣으려면 얼마나 많은 장애가 있습니까? 수비수가 앞을 막습니다. 사정없이 태클이 들어옵니다. 옷을 붙잡고 늘어지기도 하고 정강이를 멍이 들 정도로 걷어차이기도 합니다. 반칙을 해서라도 악착같은 수비를 합니다. 골 하나를 얻기 위해서도 많고 많은 장애를 넘어야 하듯이 인생의 축구장에서 선한 열매의 골인을 얻기 위해서는 낙심치 말고 전진해야 할 것입니다.

낙심은 실패의 가장 큰 요인이 됩니다.

고양이는 9개의 생명을 가지고 있다는 전설 같은 이야기가 있습니다. 아파트 7층에서 떨어진 고양이가 멀쩡했다는 실화도 있듯이 고양이의 생명은 이만큼 질기다는 말이 됩니다. 그러나 낙심은 이 고양이의 생명을 빼앗을 정도로 위력이 크다고 합니다.

마귀가 끝까지 포기하지 않고 사용하는 무기도 낙심이라고 합니다. 아무리 큰 일을 하던 사람도 낙심이라는 주사만 한 대 맞으면 좌절한다는 것입니다. 낙심하지 말고 전진하십시오 성공이 눈앞에 있습니다.

우리가 선을 행하되 낙심하지 말지니 피곤하지 아니하면 때가 이르
매 거두리라(갈 6:9)

포도주는 보지도 말라

큰 일의 결과 뒤에는 아주 작은 원인이 반드시 있습니다.

거대한 댐이 무너진 결과를 알아보면 바늘구멍 같은 작은 원인이

있었습니다. 고층 건물이 무너져 내린 원인도 시작은 작은 것에서

출발했음을 알 수 있습니다.

바늘 도둑이 소도둑으로 이어지게 되어 있습니다. 10원짜리 동전 따먹기가

판돈 100만원으로 불어나게 됩니다. 작은 담배 불 하나의 불씨가 온 산을

태우고, 자만심과 작은 방심이 인간이 만든 움직이는 것 중에서 가장 크고

안전하다는 타이타닉호를 바다 밑으로 가라앉게 했습니다.

포도주 한 잔은 별것 아니라고 생각할 수 있습니다. 포도주 한 잔이 사람을

패망으로 곧장 데려가지는 않습니다. 그러나 출발은 한 잔이 시작합니다.

한 잔이 시작되면 두 잔이 되고 끝내는 종점까지 갑니다. 포도주는 보지도

말라고 경고하십니다. 우선은 보기도 좋고 순하게 내려가는 것 같지만

마침내 뱀같이 온몸을 감고 독사의 독으로 쏘게 될 것이라고 경고하십시다.

술을 가까이할수록 패망과 가까워지고, 술을 멀리할수록 승리와

가까워집니다.

포도주는 붉고 잔에서 번쩍이며 순하게 내려가나니 너는 그것을 보지도 말
지어다 이것이 마침내 뱀같이 물 것이요 독사같이 쏠 것이며(잠 23:31~32)

□ 순 □ 종 □ 의 □ 열 □ 매 □ II □

누추함과 어리석은 말이나 희롱의 말을 하지 말라

사람의 언어처럼 복잡한 것도 없을 것입니다. 깨끗할 때는 그토록 깨끗할 수가 없습니다. 순결할 때는 그토록 순결한 것도 없습니다. 아름다운 시 한 편을 대하면 아름답기 그지없습니다. 세상의 어느 꽃보다도 아름답고 영롱합니다. 좋은 말은 금쟁반에 옥구슬처럼 아름답습니다. 질병을 치료하는 어떤 양약보다 효과가 있습니다. 좋은 말은 굳게 닫힌 마음의 문을 엽니다. 아름다운 말은 지옥을 천국으로 바꿀 수도 있습니다. 격려의 말은 실패자를 성공자로 바꿀 수 있습니다. 칭찬의 말은 좌절한 사람을 일으키는 힘이 됩니다. 사랑의 말은 흑암을 밝히는 광명이 되기도 합니다.

반면에 말처럼 더러운 것도 없습니다. 말처럼 지저분한 것도 없습니다. 말처럼 난잡한 것도 없습니다.

요즘 더러운 말들이 많이 사용되고 있습니다. 난잡한 말도 많습니다.

비어, 속어, 은어, 잡어 들이 많습니다. 사람의 영혼을 파괴하고 정서를 망가뜨리는 말들이 많습니다. 인격을 무너뜨리는 말들이 많습니다.

같은 약이라도 쥐약을 사서 먹으면 죽음으로 향하고, 비타민을 사서 먹으면 건강으로 갑니다.

말이라고 아무거나 하지 마십시오 말하는 대로 내가 결정됩니다.

누추함과 어리석은 말이나 희롱의 말이 마땅치 아니하니 돌이켜 감
사하는 말을 하라(엡 5:4)

■ 화(禍) ■ 가 ■ 되 ■ 는 ■ 일 ■

하나님 앞에서 함부로 입을 열지 말라

요즘 승용차는 오토매틱이 많습니다. 스틱에 비해 훨씬 편하다고 합니다. 전자제품도 전자동이 많습니다. 세탁기도 전자동이요 밥솥도 전자동입니다. 보일러도 실내온도에 맞추어 기계가 자동으로 가동되기도 하고 멈추기도 합니다. 어쨌든 우리는 지금 자동화 시대에 살고 있습니다. 리모콘 하나면 TV 뿐 아니라 다른 전자제품까지 콘트롤하는 통합 자동화까지 이루어지고 있습니다.

그러다 보니 입술도 자동화가 되어버렸습니다. 생각 없이 아무 말이나 튀어나옵니다. 스위치를 조작할 겨를도 없이 자동적으로 말이 쉽게 나와버립니다. 근거가 없는 말도, 책임을 질 수 없는 말을, 불똥이 어떻게 튈지도 모를 말을 함부로 해버립니다. 사람 앞에서 함부로 입을 여는 것은 잘못입니다. 특히나 하나님 앞에서 함부로 입을 여는 것은 큰 잘못입니다. 말이 많으면 실수가 많습니다. 말을 많이 하면 우매자의 소리가 나기 쉽습니다. "네 입으로 네 육체를 범죄케 말라 사자(제사장) 앞에서 내가 서원한 것이 실수라고 말하지 말라 어찌 하나님으로 네 말소리를 진노하사 네 손으로 한 것을 멸하시게 하랴"(전 5:6).

> 너는 하나님 앞에서 함부로 입을 열지 말며 급한 마음으로 말을 내
> 지 말라 하나님은 하늘에 계시고 너는 땅에 있음이니라 그런즉 마
> 땅히 말을 적게 할 것이라(전 5:2)

상전들에게 거스려 말하지 말라

종의 자세가 있습니다. 청지기가 할 일이 있습니다. 종이 종의 자세로 일하면 아름답습니다. 높고 낮음이 귀한 것이 아니고 어떤 자세로 일하느냐가 더 귀합니다. 이 세상의 모든 사람은 하나님 앞에는 종이기 때문입니다. 세상에서 권세를 가지고 있다 해도 하나님 앞에서는 종의 자세로 살아야 합니다.

종의 첫 번째 자세는 주인에 대한 순종입니다. 순종이 부족한 종은 바른 종이 아닙니다. 낮은 사람이 높은 사람 앞에서 순종하는 것은 부끄러운 것이 아닙니다. 아름다운 것입니다.

종의 두 번째 자세는 주인을 기쁘게 해드리는 것입니다. 주인의 요구를 알아차리고 주인의 마음을 헤아려 기쁘게 해드리는 것이 종의 사명입니다. 일을 해도 주인을 기쁘게 하고, 말을 해도 주인을 기쁘게 해야 합니다.

종의 세 번째 자세는 거스려 말하지 않는 것입니다. 자기 생각과 달라도 따르는 자세입니다. 불평하지 않는 자세입니다. 원망하지 않는 것입니다. 다른 종들 앞에서 주인을 비방하지 않는 것입니다.

상전은 하나님께서 세워주신 분들입니다. 순종과 기쁘게 해드림과 공손한 말씨는 주인과 종이 함께 복 받는 비결일 것입니다.

종들로는 자기 상전들에게 범사에 순종하여 기쁘게 하고 거스려 말하지 말며(딛 2:9)

▪화(禍)▪가▪되▪는▪일▪

원수가 넘어질 때 즐거워하지 말라

"고것 참 깨소금맛이다." "쌤통이다." "십 년 묵은 체증이 다 내려간다."라는 말들이 있습니다. 모두가 내가 싫어하는 사람들이 잘못될 때 내 입에서 나오는 말들입니다. 실제로 우리는 이런 경우를 많이 당합니다. 아이나 어른이나 이런 마음은 모두 가지고 있습니다. 어렸을 때는 미워하는 친구가 넘어지거나 다치면 손뼉을 치며 좋아들 했습니다. 곤란한 일을 당하면 도와주기는커녕 좋아라 했습니다. 옛날에는 책가방이 없었습니다. 보자기에 둘둘 말아 핀으로 살짝 꽂고는 어깨에 메고 뛰어다녔습니다. 여자아이들은 허리에 옆으로 매고 다녔고 남자아이들은 한쪽 어깨에서 반대쪽 허리로 대각선으로 매고 다녔습니다. 우산도 없는 터라 갑자기 소나기가 내리면 나무 밑이나 초가집 처마 밑으로 달려가 비를 피했습니다. 갑자기 쏟아지는 소나기를 피해 급하게 뛰다보면 책 보따리가 풀려 책들이 진흙바닥에 떨어집니다. 큰 낭패입니다. 이럴 때 도와주는 친구가 있는가 하면 발을 구르며 좋아하는 친구도 있습니다. 미워하는 사람이나 원수가 넘어지거나 엎드러질 때 겉으로 드러나게 즐거워하지 말라고 하셨습니다. 왜냐하면 하나님께서 이것을 보시고 기뻐하지 아니하사 그 진노를 그에게서 네게로 옮기실까 두렵기 때문이라고 하셨습니다.

네 원수가 넘어질 때에 즐거워하지 말며 그가 엎드러질 때에 마음
에 기뻐하지 말라(잠 24:17)

기록한 말씀 밖으로 넘어가지 말라

고린도 교회에는 몇 가지 문제들이 있었습니다.
그 중의 하나는 분쟁이었습니다. 서로 하나가 되지 못하고 다툼이
있었습니다. 나는 바울파, 나는 아볼로파, 나는 게바파, 나는 그리스도파
라는 것입니다.

바울을 추종하는 세력은 바울의 십자가의 도를, 아볼로를 추종하는 세력은
아볼로의 학문과 능한 지식을, 게바의 추종자들은 예수님과 동행했던 게바
즉 베드로의 권위를 동경했을 것입니다. 그리고 그리스도에게 속하였다고
주장하는 부류는 어디에도 소속하지 않은 채 그리스도인의 자유를
과장하는 무리였다는 것입니다.

고린도 교회의 교인들은 정작 중요한 예수 그리스도의 대속에 대해서는
잊어버린 채 부차적인 문제에 매달려 분쟁을 했던 것입니다.
예수 그리스도의 대속의 죽음과 영광스러운 부활이 교회생활의 초점이
된다면 대부분의 분쟁은 사라질 것입니다.

바울은 고린도 교회를 향해 호소했습니다. "그리스도께서 어찌 나뉘었느뇨
바울이 너희를 위하여 십자가에 못박혔으며 바울의 이름으로 너희가
세례를 받았느뇨 그런즉 아볼로는 무엇이며 바울은 무엇이뇨 저희는

• 화(禍) • 가 • 되 • 는 • 일 •

주께서 각각 주신대로 너희로 하여금 믿게 한 사역자들이니라. 나는 심었고
아볼로는 물을 주었으되 오직 하나님은 자라나게 하셨나니 그런즉 심는
이나 물주는 이는 아무것도 아니로되 오직 자라나게 하시는 하나님 뿐
이니라."

바울 사도는 이러한 사건을 배경으로 우리에게 권고하십니다.
기록하신 말씀 밖으로 나가 분쟁하고 교만하지 말라는 말씀입니다.

> 형제들아 내가 너희를 위하여 이 일에 나와 아볼로를 가지고 본을
> 보였으니 이는 너희로 하여금 기록한 말씀 밖에 넘어가지 말라 한
> 것을 우리에게서 배워 서로 대적하여 교만한 마음을 먹지 말게 하
> 려 함이라(고전 4:6)

서원하였거든 갚기를 더디게 말라

서원은 함부로 하는 것이 아닙니다. 사람이 사람 앞에서 약속한 것도 반드시 지켜야 하는데 하물며 하나님 앞에서 한 약속은 반드시 지켜야 하며 미루지 말아야 할 것입니다. 미루다 보면 지킬 수 없는 여건이 될 수도 있고 내일 일을 알 수 없는 인생인지라 언제 부름을 받을지 알지 못하기 때문입니다. 서원을 함부로 하는 자는 우매자가 됩니다. 대개 철없는 아이들이 약속도 잘합니다. 약속도 그냥 하지 않고 맹세까지 합니다. "내일 내가 안 갖다주면 손가락에 불을 키겠다"고도 하고 내일까지 안 갚으면 내가 네 아들이 되겠다는 등 대단한 맹세를 합니다.

그러나 그 맹세대로 실천하지 못하는 경우도 많지만 더 중요한 것은 실천하지 못해도 어제 한 맹세에 대해 책임도, 양심의 가책도 없습니다. 우매자 그대로입니다.

서원을 하시겠으면 신중하게 하십시오 그리고 서원한 것이 있다면 갚기를 더디하지 마십시오

성경은 이렇게 말씀하십니다. "서원하고 갚지 아니하는 것보다 서원하지 아니하는 것이 나으니라"(전 5:5).

네가 하나님께 서원하였거든 갚기를 더디게 말라 하나님은 우매자
를 기뻐하지 아니하시나니 서원한 것을 갚으라(전 5:4)

·화(禍)·가·되·는·일·

미혹을 받지 말라

이 세상은 온갖 미혹거리로 가득 차 있습니다. 시계방에 들어가면 온갖 모양의 시계로 가득 차 있고, 모자가게에 들어가면 가지가지 모양과 색상의 모자로 가득 차 있듯이 세상이라는 큰 방에는 가지가지의 미혹거리로 가득 차 있습니다. 따라하고 싶고, 누려보고 싶고, 경험하고 싶고, 자랑하고 싶고, 색다르고 싶고, 빠져보고 싶은 온갖 것들이 전시되어 있습니다.

그리고 미혹을 파는 가게의 주인들은 어찌나 상술이 좋은지 그 가게에 한 번 발을 들여놓으면 사지 않고는 못 배길 정도로 미혹을 잘 팝니다. 그렇기 때문에 미혹 받을 가게는 들어가지 않는 것이 좋습니다. 미혹을 파는 가게 옆을 지나가지 않는 것이 좋습니다. 김유신 장군이 기생집 앞으로 자신을 인도한 말을 칼로 베었듯이 세상의 미혹 앞에는 강한 결단이 있어야 합니다.

불의한 자는 하나님의 나라를 유업으로 받지 못한다고 하셨습니다.

불의한 자의 미혹을 받으면 하나님 나라를 잃어버립니다.

보잘것없는 세상의 하나를 잠시 얻고 영원한 하나님의 나라는 잃어버리는 것입니다. 미혹을 물리치는 사람이 승리자입니다.

> 불의한 자가 하나님의 나라를 유업으로 받지 못할 줄을 알지 못하느냐 미혹을 받지 말라 음란하는 자나 우상숭배 하는 자나 간음하는 자나 탐색하는 자나 남색하는 자나 도적이나 탐람하는 자나 술취하는 자나 후욕하는 자나 토색하는 자들은 하나님의 나라를 유업으로 받지 못하리라(고전 6:9~10)

들에서 찢긴 것의 고기를 먹지 말라

옛날엔 왜 그리 가난했는지요. 한번 배터지게 먹고 죽었으면 좋겠다는 말도
많이 했습니다. 제가 살던 산골에는 더더욱 먹을 것이 없었습니다.
사탕이나 과자는 1년에 꼭 두 번 먹었습니다. 추석과 구정이었습니다.
그것도 제게 돌아오는 것은 고작 두 개나 세 개 정도였습니다. 비바람에
떨어진 떫은감을 주워 먹고 풀뿌리도 캐먹었습니다. 찔레꽃을 따먹고,
진달래꽃을 먹고, 아카시아 꽃도 먹었습니다. 장미꽃잎도 먹고, 삐삐라는
풀도 뽑아 먹었습니다. 찔레나무가 단단해지기 전의 연한 새가지도 많이
꺾어 먹었습니다. 메뚜기를 구워 먹고 가재는 기다릴 틈이 없이 날 것으로
먹었습니다.

누가 과자라도 하나 물고 나오면 온 동네 아이들이 모여들어 부스러기
하나라도 얻어먹으려고 따라 다녔습니다. 구정을 앞두고 뻥튀기 아저씨가
마을에 오면 온종일 떨며 앉았다가 뻥튀기가 "뻥이요" 할 때 자루로
들어가지 않고 옆으로 튀어나오는 것들을 주워 먹었습니다. 누가 먹다버린
고구마도 먹었습니다.

글이 옆으로 샌 것 같습니다. 거룩한 하나님의 백성은 먹지 말아야 할 것이
있습니다. 들에서 짐승에게 찢긴 고기는 아무리 배가 고파도 먹지 말라
하셨습니다. 그래야 하나님 앞에 거룩한 사람이 된다고 하셨습니다.

▪화(禍)▪가▪되▪는▪일▪

오늘날도 거룩한 하나님의 백성들이 먹지 말아야 할 것들이 있습니다.

세상의 들에서 찢기어 신앙을 오염시키는 것들은 피해야 할 것입니다.

너희는 내게 거룩한 사람이 될지니 들에서 짐승에게 찢긴 것의 고
기를 먹지 말고 개에게 던질지니라(출 22:31)

많이 선생이 되지 말라

선생들은 다른 사람을 가르치기 위해 혀를 많이 사용합니다. 만약 선생된
자로서 혀를 잘못 사용하면 더 엄격한 심판을 받게 된다는 것입니다. 남보다
혀를 더 많이 사용하는 사람은 그만큼 더 많은 조심을 해야 합니다.
진리를 전하지 못하고 헛된 것을 전하거나 자신의 지식을 드러내다가는
참 선생님이신 예수 그리스도의 심판을 받게 됩니다.
선생들은 남에게 영향을 끼치는 분들입니다. 선생님의 가르침에 따라
제자들의 삶이 영향을 받습니다. 선생님의 진실한 모습과 말에 영향을 받아
세상의 빛으로 성장할 수도 있고, 선생님의 잘못된 모습을 본받아 세상의
악으로 자랄 수도 있습니다.
좋은 선생님 밑에 좋은 제자가 있는 법입니다.
예수님은 참 좋은 선생님이십니다. 예수님의 가르침을 받은 제자들은
세계를 변화시켰습니다. 오늘도 예수님의 가르침을 이어 받은 분들이
세상을 밝히고 있습니다.
누군가를 가르치고 계십니까? 선생이 되지 말라는 말씀은 아닙니다.
그만큼 혀를 잘 다스려 좋은 영향을 주라는 말씀입니다.

내 형제들아 너희는 선생된 우리가 더 큰 심판 받을 줄을 알고 많
이 선생이 되지 말라(약 3:1)

▪ 화(禍) ▪ 가 ▪ 되 ▪ 는 ▪ 일 ▪

네 입으로 스스로 칭찬하지 말라

자화자찬이란 말이 있습니다. 자기 스스로 자기를 높이고 찬사를 보내는
것을 말합니다. 우리 주변에는 드러내 놓고 자기를 칭찬하는 사람은 없어도
은근히 베일을 살짝 가려서 칭찬하는 경우는 많습니다. 인물도 은근히
자랑하고, 재산도 은근히 자랑합니다. 지식도 은근히 자랑하고, 배경도
은근히 자랑합니다. "내가 성질이 좋아서 그만두었지, 전화 한 통화만 하면
끝장난다"는 것입니다.

하나님께서 제일 싫어하시는 것은 자기를 높이는 사람입니다.

교만한 사람입니다. 스스로 자신을 칭찬하는 사람은 교만해서 그렇습니다.
성경에는 자신을 낮추는 자가 언제나 높아졌고, 자신을 높인 자가 언제나
버림받은 사건들로 가득 차 있습니다. 자신을 아무것도 아니라고 고백한
세례 요한은 예수님으로부터 "여자가 낳은 자 중에 세례 요한보다 큰
사람이 없다"는 칭찬을 받았고, 겸손한 백부장을 예수님께서는
높이셨습니다.

자랑거리가 생기셨습니까? 감사하십시오 그리고 스스로 칭찬하지
마십시오 내가 나에게 한 칭찬은 망치로 못을 박으려다 잘못해서 손가락을
찍는 것처럼 어리석은 일입니다.

타인으로 너를 칭찬하게 하고 네 입으로는 말며 외인으로 너를 칭
찬하게 하고 네 입술로는 말지니라(잠 27:2)

깨어 의를 행하고 죄를 짓지 말라

깨어 있으면 실수하지 않습니다. 깨어 있으면 상황판단을 정확하게 할 수
있습니다. 그러나 졸거나 잠들어 있으면 사리에 맞지 않는 이상한 행동을
하게 됩니다. 중학교 때 졸음을 참지 못하는 친구가 있었습니다. 어찌나
잠이 많은지 앉기만 하면 계속 머리를 끄덕이며 "선생님 말씀이 옳습니다"
라고 머리로 말을 합니다. 선생님께서 분필을 던지셔도 별효과가 없고, 어떤
때는 분필 지우개가 얼굴에 맞아도 잘 고쳐지지 않았습니다. 한참 졸고 있는
그 친구의 이름을 크게 부르며 선생님이 질문을 하시면 그 친구는 언제나
이상한 대답만 했습니다. 교회에도 설교만 시작하면 머리로 아멘만 하시는
분이 있습니다. "목사님 말씀은 무엇이나 옳습니다"하고 아멘이 끝이
없습니다. 그러다 언뜻 잠을 깨면 그대로 있으면 자연스러운데 머리를
끄덕끄덕하며 목사님의 말씀에 지지를 표합니다. 나는 지금 안 자고 있다는
주위에 대한 표현입니다. 그리고 지금 끄덕끄덕하며 지지를 보낸 것의
말씀이 지지를 보낼 내용이 아닐 때가 많습니다. 목사님께서 지옥을
설명하시면서 "그래도 여러분은 지옥에 가시겠습니까?" 했는데 마침 잠을
깨어 그러겠다고 끄덕끄덕한 것입니다. 깨어 있으면 죄가 주장하지
못합니다. 깨어 있으면 죄가 나로 하여금 이상한 행동을 못하게 합니다.

깨어 의를 행하고 죄를 짓지 말라 하나님을 알지 못하는 자가 있기
로 내가 너희를 부끄럽게 하기 위하여 말하노라(고전 15:34)

203

남의 은밀한 일을 누설치 말라

선거철이 되면 실망할 때가 많습니다. 대화의 장도 아니고 변론의 장도 아닙니다. 상대방 헐뜯기요 비밀누설의 잔치입니다. 어찌하든지 상대방의 허물을 찾아내서 만인 앞에 공포합니다. 병역 문제가 어떻다, 색깔이 어떻다, 많고 많은 비밀들을 찾아내서 퍼뜨립니다.

개구리가 몸에 좋다고 하니까 봄이 되어 개구리가 잠을 깨서 밖으로 나오기도 전에 땅을 파고 돌을 굴러내서 개구리를 끄집어내듯이 필사적으로 찾아냅니다.

허물은 덮어 주는 것이 좋습니다. 은밀한 일도 가리워 주는 것이 좋습니다. 노아가 포도주를 마시고 벌거벗고 누워 잘 때 가나안의 아비 함이 이를 보고 공개했습니다. 그러나 셈과 야벳은 아비의 부끄러움을 가리워 주었습니다. 이로 인한 그들의 장래는 엄청난 결과를 가져왔습니다.

"노아가 술이 깨어 그 작은아들이 자기에게 행한 일을 알고 이에 가로되 가나안은 저주를 받아 그 형제의 종들의 종이 되기를 원하노라 또 가로되 셈의 하나님 여호와를 찬송하리로다 가나안은 셈의 종이 되고 하나님이 야벳을 창대케 하사 셈의 장막에 거하게 하시고 가나안은 그의 종이 되게 하시기를 원하노라 하였더라"(창 9:24~27).

너는 이웃과 다투거든 변론만 하고 남의 은밀한 일은 누설하지 말라(잠 25:9)

주를 시험하지 말라

하나님의 능력을 시험하면 안됩니다. 하나님의 오래 참으심을 시험해서도
안됩니다. 전에도 이럴 때는 이렇게 해주셨는데 이번에도 그렇게 해주시나
보자 하고 시험하면 화를 당합니다.

이스라엘 백성이 애굽을 떠나 가나안에 이르는 동안의 여정은 불평과
원망이요 하나님을 시험한 일들로 가득 차 있습니다. 목이 마른다고
원망하면 반석에서 물을 내주시고 고기가 먹고 싶다고 하면 메추라기를
보내 주셨습니다. 때를 따라 먹이시고 돌보셔서 발이 부르트지 않게 하시고
옷이 해어지지 않게 하셨지만 이스라엘 백성이 하나님께 얻는 방법은
감사와 간구가 아니라 언제나 불평불만이요 그렇게 하면 주시는 하나님을
시험하는 일이었습니다.

백성이 호르산에서 진행하여 홍해길로 쫓아 에돔땅을 둘러 행하려
하였다가 길로 인해 백성의 마음이 상했습니다. 이번에도 백성들은
하나님을 시험했습니다. "백성이 하나님과 모세를 향하여 원망하되
어찌하여 우리를 애굽에서 인도하여 올려서 이 광야에서 죽게 하는고
이곳에는 식물도 없고 물도 없도다 우리 마음이 이 박한 식물을
싫어하노라"(민 21:5).

이번에도 간구가 아닌 시험이었습니다. 하나님께서는 시험하는 백성들에게 불뱀을 보내셔서 수많은 백성들을 심판하셨습니다.

어려운 일이 있으십니까? 불평하지 말고, 원망하지 말고, 주를 시험하지 말고 감사함으로 아뢰십시오.

저희 중에 어떤 이들이 주를 시험하다가 뱀에게 멸망하였나니 우리
는 저희와 같이 시험하지 말자(고전 10:9)

▪순▪종▪의▪열▪매▪II▪

불의한 재판을 하지 말라

법을 집행하는 곳이 정당하지 못하면 마지막까지 왔다고 볼 수 있습니다. 사회가 잘못되어도 법집행이 공정하면 사회가 유지될 수 있습니다.

그러나 재판이 공정하지 못하고 불의가 개입되고 이권이 뒤섞이면 소망이 없습니다. 저울이 정확한 바늘을 가리키지 못하면 모든 것이 엉망이 되고 맙니다. 자가 눈금을 잃어버리면 혼란을 초래합니다. 저울은 무거운 것은 무거운 그대로 바늘을 가리켜야 하고, 가벼운 것은 가벼운 만큼 가리켜야 합니다. 눈금이 비정상적인 자로 측량을 해서 건물을 지으면 한쪽으로 기울어져 무너져 내릴 수밖에 없습니다.

재판은 저울과도 같고 자와도 같습니다. 저울과 자가 정확하지 못하면 사회가 무너집니다. 국가가 길을 잃게 됩니다.

재판은 가난하다고 동정심을 베풀어서 편을 들어주어도 안 되고 부자라고 무엇을 바라고 봐주어도 안 된다고 하셨습니다.

긴 것은 길다 하고, 짧은 것은 짧다 해야 합니다.

가벼운 것은 가볍다 하고, 무거운 것은 무겁다고 할 때 이 땅에 정의가 꽃을 피울 것입니다.

너희는 재판할 때에 불의를 행치 말며 가난한 자의 편을 들지 말며 세력 있는 자라고 두호하지 말고 공의로 사람을 재판할지며(레 19:15)

▪화(禍)▪가▪되▪는▪일▪

남은 조각을 거두고 버리지 말라

우리 주변에는 버려지는 것들이 많습니다. 얼마든지 쓸 수 있는데도
버립니다. 멀쩡한 의자가 버려지고 가구들도 버려지고 있습니다.
좀 구질구질하게 생각할지는 몰라도 저는 이것들을 가져다가 손질해서
씁니다. 어떤 것은 그대로 사용해도 좋습니다. 버려지는 것들 중에 가장
많은 것은 음식 쓰레기라 할 수 있습니다. 음식 쓰레기가 아니라 음식 그
자체가 버려지는 것들도 많습니다. 한 해 동안 버려지는 음식이 수백 억이
넘는다고 합니다. 이것이면 기아로 굶어 죽고 있는 북한의 어린이를 비롯해
소말리아까지 엄청난 인류를 살릴 수 있는 양인데도 버려지고 있습니다.
그것도 수많은 공해를 남기며 말입니다. 예수님께서는 물고기 두 마리와
보리떡 다섯 개로 오천 명을 먹이시고 남은 조각을 버리지 못하게
하셨습니다. 그래서 모은 것이 열두 바구니를 채웠습니다. 유대 풍속에는
식사 후 남은 것은 봉사자들의 몫으로 돌렸다고 합니다. 그러나 예수님의
교훈은 단지 봉사자들만 위한 배려는 아니라고 생각합니다. 하나님께서
주신 음식의 귀중함도 있고 자연을 보호하시는 마음도 있고, 제자들에게
하나님의 아들을 깨닫게 하시는 증거도 있다고 생각합니다. 작은 부스러기
하나도 소홀히 하지 않는 것이 그리스도인의 자세라고 생각합니다.

저희가 배부른 후에 예수께서 제자들에게 이르시되 남은 조각을 거
두고 버리는 것이 없게 하라 하시므로(요 6:12)

심은 과목의 열매는 3년 동안 먹지 말라

김치를 담았던 그릇은 씻어내도 김치냄새가 배어 있습니다. 물로 씻어내고 퐁퐁으로 닦아내도 배어 있던 김치냄새를 지우는 데는 상당한 시간이 걸립니다.

한 번 잘못 길들여진 습관은 쉽게 고쳐지지 않습니다. 생각하고 계획하고 애를 써도 나도 모르게 옛모습이 분출되어 나올 때가 있습니다.

이스라엘 백성들이 약속의 땅 가나안에 들어갔습니다. 그 땅은 더럽혀져 있는 땅이었습니다. 이방신을 섬기던 땅이요, 우상의 제물이 흘린 피가 스며 있는 영적으로 부정한 땅이었습니다.

하나님께서는 처음 3년간의 열매는 먹지 못하게 하셨습니다.

아직 부정하다는 것입니다. 물론 열매에 독이 있거나 맛이 없어서가 아니라 하나님께서는 자기 백성의 철저한 순결함을 요구하심을 볼 수 있습니다.

제4년째의 열매는 하나님께 바쳐 모든 부정함을 면하고 제5년째부터 먹으라는 것입니다. 그러면 그 땅을 축복하사 열방 중에 뛰어난 민족으로 세우시겠다고 약속하셨습니다.

하나님의 백성은 깨끗해야 합니다. 순결해야 합니다. 그래야 축복 받는 삶이 될 수 있습니다.

너희가 그 땅에 들어가 각종 과목을 심거든 그 열매는 아직 할례받
지 못한 것으로 여기되 곧 삼 년 동안 너희는 그것을 할례 받지 못
한 것으로 여겨 먹지 말 것이요(레 19:23)

▪화(禍)▪가▪되▪는▪일▪

누구에게든 업신여김을 받지 말라

아들이 밖에 나가서 언제나 매를 맞고 들어오면 부모의 속이 상할 것입니다.

멸시와 놀림을 받고 업신여김을 받는다면 부모의 속이 탈것입니다.

특히나 권세 있는 분의 아들이 바보같이 동네 아이들의 놀림감이 되고 기를 펴지 못한다면 부모의 마음은 안타깝기 그지없을 것입니다.

하물며 만왕의 왕 되신 하나님의 자녀가 세상 사람들로부터 업신여김을 받는다면 하나님의 마음이 상할 것입니다. 지도자라면 더욱 그렇겠지요 하나님의 자녀가 세상에서 큰소리치고 세상 사람들을 무시하라는 뜻은 아닙니다.

영적 권위를 가지라는 것입니다. 겸손하고 자신을 낮추어도 무시 받지 않는 권위, 그럴수록 더욱 높임 받는 영적 권위를 가지라는 것입니다.

성령 충만함으로 나타나는 권위를 갖추어 세상을 정복하라는 것입니다.

나이가 어려도, 많이 배우지 못했어도, 키가 작아도, 인물이 못났어도, 성령 충만하면 권위가 있습니다.

약자가 큰소리칩니다. 빈 수레가 요란합니다. 빈 깡통이 시끄럽습니다.

성령으로 가득 채워 권위를 갖추어야 하겠습니다.

너는 이것을 말하고 권면하며 모든 권위로 책망하여 누구에게든지
업신여김을 받지 말라(딛 2:15)

이웃집에 자주 다니지 말라

무엇이나 적당한 것은 좋으나 지나치면 문제가 됩니다. 운동이 건강에
좋지만 지나치면 오히려 병을 불러들입니다. 보약도 좋은 것이지만
지나치면 몸을 상하게 합니다. 친절도 좋은 것이로되 너무 지나치면 오히려
부담이 됩니다. 누구에게나 격이 없이 잘 어울리는 아주머니가 계셨습니다.
처음 만나는 사람과도 쉽게 친해지고, 이 사람 저 사람 가리지 않고 잘
지내는 성격이 좋은 분이었습니다. 자기 집안 일은 언제 하는지 모르지만
이 집 저 집을 자주 다니느라 이분은 언제나 바빴습니다. 동네서도 이분이
성격 좋은 분으로 소문이 났습니다. 얼마가 지나자 동네 사람들이 이분을
싫어하며 피하려고 했습니다. 자기 집에 오는 것을 반가워하지 않았습니다.
결국 이분은 따돌림을 당하게 되었습니다. 이유는 이분이 한두 번 올 때는
좋았다는 것입니다. 대화도 나누고 친분도 가졌습니다. 그러다 좀 친해지니
이말 저말 하게 되었고 여기 가서 이 말하고 저기 가서 저 말하여 문제를
일으켰습니다. 시도 때도 없이 찾아가서 생활의 지장도 주었습니다. 바쁜
일이 있는데도 눈치 없이 가지는 않고 수다만 늘어놓으니 싫어하게 된
것이었습니다. 적당한 친분과 방문은 가뭄의 단비 같습니다.
그러나 지나치면 장마철에 흙탕물이 될 수도 있습니다.

너는 이웃집에 자주 다니지 말라 그가 너를 싫어하여 미워할까 두
려우니라(잠 25:17)

▪화(禍)▪가▪되▪는▪일▪

악으로 악을 갚지 말라

세상의 법칙은 되갚는 것입니다. 나를 괴롭히면 나도 괴롭히고 나를 해치면 나도 보복을 하는 것입니다. 욕하면 욕하고 때리면 나도 때리고 흉보면 나도 흉보는 것입니다. 물질적 손해를 끼치면 나도 앙갚음하고 정신적으로 피해를 당하면 저주라도 해서 되갚으려 합니다.

이러한 세상의 법칙을 나무라는 사람도 없습니다. 오히려 당연시합니다. 그래서 복수를 허용했고 영화나 드라마에서도 통쾌한 복수장면을 보면서 속시원해 하고 아낌없는 박수를 보내기도 합니다. 말은 쉽지만 악을 선으로 갚기는 쉬운 일이 아닙니다. 참으로 어려운 일입니다. 요셉처럼 형님들을 용서하기가 쉽지 않습니다. 호세아처럼 부정한 아내를 용서하기가 쉽지 않습니다. 예수님처럼 자신을 못박고 조롱하는 무리들을 용서하기가 쉽지 않습니다. 그러나 그렇게 하라고 하나님께서는 말씀하십니다.

"아무에게도 악으로 악을 갚지 말고 모든 사람 앞에서 선한 일을 도모하라 할 수 있거든 너희로서는 모든 사람으로 더불어 평화하라"(롬 12:17~18).

"악을 악으로, 욕을 욕으로 갚지 말고 도리어 복을 빌라 이를 위하여 너희가 부르심을 입었으니 이는 복을 유업으로 받게 하려 하심이라"(벧전 3:9).

삼가 누가 누구에게든지 악을 악으로 갚지 말게 하고 오직 피차 대하든지 모든 사람을 대하든지 항상 선을 좇으라(살전 5:15)

내일 일을 자랑하지 말라

하나님 말씀이 가르치는 일관된 진리는 내일 일을 자랑하지 말라는
것입니다. 사람은 내일 일을 알 수 없고, 내 힘으로 어떻게 할 수 있는 힘이
없다는 것입니다. 그렇기 때문에 내일 일을 복되게도 하시고 내일 일을
망하게도 하시는 절대자를 의지하라는 것입니다. 작은 연못에서 개구리들의
씨름 대회가 열렸습니다. 그 중의 한 마리가 천하장사가 되었습니다.
모든 개구리들의 부러움을 샀고, 그 개구리는 천하가 자기 발 밑에 있다고
생각했습니다. 누구든지 내 앞에 나서보라고 했습니다. 나는 영원한
천하장사라고 자랑했습니다. 그때 개구리 한 마리가 말했습니다. 저기 건너
쪽 논에 황소가 논을 갈고 있는데 힘이 세더라고 했습니다. 천하장사
개구리는 무슨 소리냐고 하면서 내가 가서 들배지기로 엎어버리겠다고
자랑했습니다. 연못의 모든 개구리를 이끌고 황소 앞에선 개구리는
들배지기를 시도하다 가루가 되고 말았습니다. 하나님 앞에선 들배지기를
시도하지 마십시오 "내일 일을 너희가 알지 못하는도다 너희 생명이
무엇이뇨 너희는 잠깐 보이다가 없어지는 안개니라"고 야고보 사도는
말씀하셨고 예수님께서도 "어리석은 자여 오늘 저녁 네 생명을 취하면 네가
예비하는 것이 누구 것이 되겠냐?"고 하셨습니다.

너는 내일 일을 자랑하지 말라 하루 동안에 무슨 일이 날는지 네가
알 수 없음이니라(잠 27:1)

▪화(禍)▪가▪되▪는▪일▪

외모로 단장치 말라

지금 많은 사람들이 "육체와의 전쟁"을 치르고 있습니다. 아름다워지고
싶은 욕망이 나쁜 것은 아니지만 도를 지나쳐 본연의 자신을 잃어가고
있습니다.

하나님께서는 각자에게 개성을 주셔서 특별한 존재로 창조해 주셨습니다.
가녀린 코스모스가 있는가 하면 탐스러운 장미가 있듯이 모두가 나름대로
아름다움이 있는데 사람은 획일된 모습으로 뜯어고치고 있습니다. 눈을
고치고 코를 수리하고 턱을 보수합니다. 눈썹을 바꿉니다. 그래서 모두가
비슷해졌습니다.

저는 사람을 한두 번 보아서는 잘 알아보지 못하는 둔한 눈을 가지고
있습니다. 특히 여자 분들을 잘 알아보지 못합니다. 모두가 이 사람이 저
사람 같고 저 사람이 이 사람 같아서 혼동이 될 때가 많습니다.

내 모습 이대로가 좋습니다. 하나님의 작품 그대로가 좋습니다.
천년 만년 누리지도 못할 육체를 왜 그리도 못살게 하는지 모르겠습니다.
째고, 자르고, 붙이니 말입니다. 있는 그대로에다 액센트만 주세요

겉보다는 안을 단장하세요 거친 마음에 크림을 발라 곱게 만들고, 시기하는

눈에 아이라인을 그려 좋게 보세요 아무거나 듣고 유혹 받는 귀에 성결의 귀고리를 다세요 독처럼 내뱉는 입술에 절제의 립스틱을 발라 향기로운 입술이 되세요 지금 쓰고 있는 화장품이나 겉치장 값의 절반 이상을 마음의 단장품 값으로 책정해 보세요 몰라보게 예뻐질 것입니다.

> 너희 단장은 머리를 꾸미고 금을 차고 아름다운 옷을 입는 외모로
> 하지 말고 오직 마음에 숨은 사람을 온유하고 심령의 썩지 아니할
> 것으로 하라 이는 하나님 앞에 값진 것이니라(벧전 3:3~4)

▪화(禍)▪가▪되▪는▪일▪

동포를 원망하지 말라

"누워서 침 뱉기"라는 말이 있습니다. 결국 자기가 뱉은 침이 자기 얼굴에
떨어지는 결과를 낳는 일입니다. 자기가 다니는 회사를 욕하면 그 욕이
자기에게 돌아옵니다. 사장님을 욕하면 그 욕이 자기 욕이 됩니다.
사람을 만나보면 우리 나라를 욕하는 사람들이 많습니다.
대통령을 욕하고, 정치권을 욕하고, 국회를 욕합니다. 기업인들을 욕하고
국민성을 욕합니다. 모두가 틀려먹었다는 것입니다. 정치인들은 권력을
이용하여 이권을 챙기고, 기업인들은 실력으로 기업을 운영하지 않고
권력을 이용하여 키워나간다는 것입니다. 그러니 우리 같은 사람들이
열심히 해봐야 남 좋은 일만 시켜 준다는 것입니다. 물론 정치인들이 잘못한
일들이 많습니다. 기업인들도 그렇습니다. 그렇다고 그 분들이 다 잘못한
것은 아닙니다. 잘한 부분도 많습니다. 문제는 원망하고 욕하기보다는
나부터라도 잘해 보려고 애쓰는 자세일 것입니다. 원망은 원망을 낳고
불평은 불평을 낳습니다. 남이 원망한다고 나도 원망하면 온 나라가
원망으로 가득 찹니다. 따라서 불평하면 불평공화국이 됩니다.
원망은 내 선에서 차단시켜야 합니다. 원망이 왔다가도 내게서 반사되어
나갈 때는 소망으로 바뀌어야 합니다. 그래야 나라가 소망이 있습니다.

원수를 갚지 말며 동포를 원망하지 말며 이웃 사랑하기를 네 몸과
같이 하라 나는 여호와니라(레 19:18)

사람의 말을 들으려고 마음을 두지 말라

"누가 내 소리 하나" 하고 신경 쓰며 사는 사람이 있습니다. 자기 자신이 잘하고 떳떳한 행동을 하면 신경 쓸 것이 없습니다. 누가 뭐라 한들 무슨 걱정이 있습니까?

내게 대한 정보를 수집하느라 신경을 쓰는 사람이 있습니다. 윗사람이 뭐라고 하시는지? 동료들은 어떻게 말하는지? 아랫사람은 뭐라고 하는지? 신경 쓰며 삽니다. 그러다 보니 듣지 않은 것이 백 번 나은 말도 듣게 되고, 사석에서 농담조로 한 말을 확대해석해서 엄청난 사건으로 몰아가기도 합니다. 안 해도 될 걱정도 사서하게 되고, 단잠을 자야 할 밤을 뜬눈으로 새기도 합니다.

신경 끄십시오. 왜 불을 켜놓고 잠을 자려 하십니까? 복잡한 세상에 할 일도 많은데 그런 것까지 사서하려면 머리카락 빠지고 뼈가 녹습니다.

좋게 생각하십시오. 긍정적으로 보십시오. 그리고 부끄러움 없이 당당하게 사십시오.

진흙탕을 돌아가는 현명한 사람이 있고 꼭 서성이다가 미끄러져 온몸을 버리는 어리석은 사람이 있습니다.

신경을 끄고 단잠을 주무십시오.

무릇 사람의 말을 들으려고 마음을 두지 말라 염려컨대 네 종이 너를 저주하는 것을 들으리래(전 7:21)

·화(禍)·가·되·는·일·

머리 가를 둥글게 깍지 말라

괴상망측한 일본 문화가 무분별하게 들어와 청소년들의 정신을 해치고
있습니다. 옷차림도 괴상하고 머리 모양도 괴이합니다. 머리 가장자리를
둥글게 깍지 말라는 하나님 말씀을 도전하듯이 머리 가운데의 머리카락만
남기고 관자놀이와 귀 주변의 머리를 깎아 버리는 모양새가 등장하고
있습니다.

이러한 머리 모양은 출애굽 당시 이방인들의 풍습이었습니다. 하나님께서는
이런 가증한 머리 모양을 따라하지 말라고 말씀하셨습니다. 그러나 수천
년이 지난 오늘에 와서도 서울 거리에는 이런 모습들을 볼 수 있습니다.
문화는 영향력이 큽니다. 정신을 해치고 몸을 망칩니다. 특히 나쁜 문화는
그 파급효과가 빠르고 심각합니다. 좋은 문화는 계몽하고 가르치고 애써야
겨우 부분적으로 영향을 주지만 나쁜 문화는 누룩 퍼지듯이 걷잡을 수 없이
번져갑니다.

반찬은 가리지 않고 골고루 먹어야 건강하지만 문화는 편식을 해야 합니다.
철저히 가려서 먹어야 합니다. 그 속에 생명을 앗아가는 독이 있기
때문입니다. 복어를 제대로 손질하지 않고 먹으면 생명을 잃듯이 문화를
함부로 먹으면 영육이 죽습니다.

머리 가를 둥글게 깍지 말며 수염 끝을 손상치 말며(레 19:27)

자기를 의뢰하지 말라

하나님께서 가장 미워하는 사람은 자기를 의뢰하는 사람입니다.

하나님을 의뢰하지 않고 자신을 의뢰하고, 사람과 권력과 혈육을 의뢰할 때

하나님께서는 심판의 칼을 드십니다. 하나님께서 예레미야를 통해 주시는

말씀을 기억하십시오 "나 여호와가 이같이 말하노라. 무릇 사람을 믿으며

혈육으로 그 권력을 삼고 마음이 여호와에게서 떠난 그 사람은 저주를 받을

것이라. 그는 사막의 떨기나무 같아서 좋은 일의 오는 것을 보지 못하고

광야 간조한 곳 건건한 땅, 사람이 거하지 않는 땅에 거하리라. 그러나 무릇

여호와를 의지하며 여호와를 의뢰하는 그 사람은 복을 받을 것이라. 그는

물가에 심기운 나무가 그 뿌리를 강변에 뻗치고 더위가 올지라도 두려워

아니하며 그 잎이 청청하며 가무는 해에도 걱정이 없고 결실이 그치지

아니함 같으리라"(렘17:5~8).

실력이 있으십니까? 실력을 의뢰하지 마십시오 지식이 있으십니까? 지식을

의뢰하지 마십시오 재산이 많으십니까? 물질을 의뢰하지 마십시오

권력이 주변에 있으십니까? 권력을 의뢰하지 마십시오

한 번의 하나님의 입김에 날아가 버립니다.

오직 하나님만 의뢰하여 만대에 복을 누리십시오

우리 마음에 사형선고를 받은 줄 알았으니 이는 우리로 자기를 의
뢰하지 말고 오직 죽은 자를 다시 살리시는 하나님만 의뢰하게 하
심이라(고후 1:9)

주께서 오시기까지 아무것도 판단치 말라

우리는 수없이 많은 사람을 판단하며 삽니다.

누구는 어떻고, 또 누구는 저렇다고 합니다. 이번 일은 누가 잘했고 누가 잘못 했다고 판단을 내립니다. 마치 재판장이나 된 것처럼 주변의 모든 일들을 판단합니다. 신문지상에는 수없는 사건들이 판단을 받고 있습니다. 어떤 분은 표창을 받기도 하고, 어떤 분은 죽을 죄인이 됩니다. 신문을 보는 수백만 명이 다같이 정죄하고 다같이 손가락질을 하기도 합니다.

사실을 사실대로 정확히 알기도 전에 표면적인 일들을 보고 정죄합니다. 세상의 판단은 정확하지 못할 때가 있습니다. 의인이 죄인이 되기도 하고, 때로는 죄인이 표창을 받기도 합니다. 다 같은 죄인들끼리 누구는 옳다고 하고 누구는 그르다고 합니다. 다같이 죄의 흙탕물에 빠져 있으면서 네가 더 많이 묻었다고 비난합니다.

진정한 심판주 예수님께서 오셔서 판단을 내리기 전에 아무것도 판단치 말라고 하셨습니다. 오직 예수님만이 어둠 속에 감춰진 비밀들을 밝혀내고 정확하고 공정하게 심판하시기 때문입니다. 판단은 심판주 예수님만이 하실 일이지 우리가 할 일이 아닙니다.

그러므로 때가 이르기 전에 곧 주께서 오시기까지 아무것도 판단치
말라 그가 어둠에 감추인 것들을 드러내고 마음의 뜻을 나타내시리니
그 때에 각 사람에게 하나님께로부터 칭찬이 있으리라(고전 4:5)

악한 자가 꾈지라도 좇지 말라

미혹의 시대에 살고 있습니다. 온갖 악들이 좋은 것으로 포장하여 미혹의
손길을 뻗고 있습니다. 정체를 감추고 미혹의 속삭임을 하고 있습니다.
악한 자의 특징은 꾀는 것입니다. 자기만 악한 채로 그대로 있으면 좋을
텐데 반드시 꾀어서 다같이 악으로 끌고 갑니다.
악은 위장술이 뛰어납니다. 그럴듯하게 포장합니다. 한 번쯤은 괜찮을 것
같기도 하고 남들도 다 하는데 나만 안 하는 것도 바보처럼 보이게도 합니다.
오늘도 악을 행하다가 일생을 망친 수많은 사람들을 봅니다. 그들 중에 악의
주동자는 많지 않습니다. 대부분이 악한 자의 꾀임을 물리치지 못하고
좇아왔다가 당한 사람들입니다. 썩은 사과 상자가 처음부터 다 썩었던 것은
아닙니다. 그 중에서 썩은 한 개가 옆의 사과를 썩게 만들고 이렇게 썩은
사과들이 퍼져나가 사과 상자를 온통 썩게 만드는 것입니다.
시편 제1편을 기억하십시오
"복 있는 사람은 악인의 꾀를 좇지 아니하며 죄인의 길에 서지 아니하며
오만한 자의 자리에 앉지 아니하고 오직 여호와의 율법을 즐거워하여 그
율법을 주야로 묵상하는 자로다."
시편 1편은 꼭 암송하십시오 금보다 귀합니다.

내 아들아 악한 자가 너를 꾈지라도 좇지 말라(잠 1:10)

▫화(禍)▫가▫되▫는▫일▫

주를 원망하지 말라

옛날의 역사는 오늘을 비춰주는 거울입니다. 오늘의 말씀은 고라의
사건으로 모세와 아론을 원망하다가 일만 사천 칠백 명이 목숨을 잃은
사건을 비춰 주고 있습니다. 시대를 거슬러 올라가 광야로 나가 보겠습니다.
"이튿날 이스라엘 자손의 온 회중이 모세와 아론을 원망하여 가로되 너희가
여호와의 백성을 죽였도다 하고 회중이 모여 모세와 아론을 칠 때에 회막을
바라본즉 구름이 회막을 덮었고 여호와의 영광이 나타났더라 모세와
아론이 회막 앞에 이르매 여호와께서 모세에게 일러 가라사대 너희는 이
회중에게서 떠나라 내가 순식간에 그들을 멸하려 하노라 하시매 그 두
사람이 엎드리니라 이에 모세가 아론에게 이르되 너는 향로를 취하고 단의
불을 그것에 담고 그 위에 향을 두어 가지고 급히 회중에게로 가서 그들을
위하여 속죄하라. 여호와께서 진노하셨으므로 염병이 시작되었음이라.
아론이 모세의 명을 좇아 향로를 가지고 회중에게로 달려간즉 백성에게
염병이 시작되었는지라. 이에 백성을 위하여 속죄하고 죽은 자와 산 자
사이에 섰을 때에 염병이 그치니라. 고라의 일로 죽은 자 외에 염병에 죽은
자가 일만 사천 칠백 명이었더라. (민 16:41~49) 오늘날도
마찬가지입니다. 주를 원망하는 것처럼 어리석은 일은 없습니다.
감사함으로 영광 돌려야 할 것입니다.

저희 중에 어떤 이들이 원망하다가 멸망시키는 자에게 멸망하였나
니 너희는 저희와 같이 원망하지 말라(고전 10:10)

무슨 일을 하든지 마음을 다하여 주께 하듯 하고
사람에게 하는 것같이 하지 말라

눈가림으로 일하기 쉽습니다. 주인에게 유익을 주기보다는 내 편의를 먼저 생각하고 겉치레만 그럴듯하게 보이게 하는 일의 자세입니다.

이런 일의 결과는 반드시 드러나게 되어 있습니다. 처음 한두 번은 잘했다고 칭찬들을 수 있으나 눈가림으로 한 일은 결국 밝혀지게 되어 있습니다. 오래 전에 형님이 집을 지은 적이 있습니다. 일꾼들이 와서 일을 했습니다. 저녁때가 되자 일꾼들이 일을 정리했습니다. 그 중 한 분이 벽을 바르기 위해 시멘트를 개어 놓았다가 많이 남았습니다. 그대로 밤새 두면 굳어서 쓸 수가 없습니다. 이분은 일을 마감할 시간도 계산하지 않고 무턱대고 많은 양의 시멘트를 물과 섞어 낭비해 버린 것입니다. 그러나 그보다 더 황당한 일이 곧 이어 벌어졌습니다. 이분은 개어 놓은 시멘트를 주인이 보면 뭐라고 할까봐 쏟아 버린 것입니다. 그것도 감쪽같이 속이려고 굴뚝에다 부어 버린 것입니다. 마침 이 광경을 제가 보았기에 막을 수 있었습니다. 하마터면 연탄가스가 배출되지 않는 굴뚝으로 인해 참변을 당할 뻔했습니다.

눈가림으로 하지 말고 정성을 다하는 자세가 필요한 세상입니다.

무슨 일을 하든지 마음을 다하여 주께 하듯 하고 사람에게 하듯 하
지 말라(골 3:23)

▪화(禍)▪가▪되▪는▪일▪

믿지 않는 자와 멍에를 같이 하지 말라

말과 소를 멍에를 같이 하여 수레를 끌게 할 수 없습니다. 말과 소는 서로 다르기 때문에 같은 멍에를 멜 수 없습니다. 말은 말과 함께 소는 소와 함께 멍에를 메어야 일이 됩니다. 양과 염소를 같이 몰고 다닐 수 없습니다. 양은 목자가 가는 대로 따라가지만 염소는 끌고 가야 합니다.

물과 불을 한 그릇에 담아둘 수 없습니다. 팥빙수와 단팥죽을 한 그릇에 담을 수 없습니다.

의와 불법이 함께 할 수 없고, 빛과 어두움이 친구가 될 수 없습니다. 예수 그리스도와 마귀가 조화를 이룰 수 없고, 하나님의 성전과 우상이 일치가 될 수 없습니다.

그리스도인은 구별되어야 합니다. 순결해야 합니다. 섞이지 말아야 합니다. 금이 불순물과 섞이면 가치가 없습니다. 신부가 신랑 외에 다른 사람과 섞이면 신부가 아닙니다. 신랑이 신부 외에 또 다른 사람과 섞이면 가정이 아닙니다. 포도주가 물과 섞이면 포도주가 아닙니다.

성도가 세상의 유익을 위해 불신자와 교류하면 신앙과 성결에 손상을 입기 쉽습니다. 비빔밥은 섞여도 신앙은 섞이면 안됩니다.

너희는 믿지 않는 자와 멍에를 같이 하지 말라 의와 불법이 어찌
함께 하며 빛과 어두움이 어찌 사귀며(고후 6:14)

마음을 강팍케 하지 말라

부드러운 것이 좋습니다. 옷감도 부드러워야 촉감이 좋고 신발도
부드러워야 발이 편합니다. 말씨도 부드러운 것이 좋고, 인상도 부드러워야
좋습니다.
이 세상에서 딱딱한 것이 좋은 것은 별로 없습니다. 대개가 부드러워야
좋습니다. 어깨에 힘이 들어가 딱딱해지면 안타를 칠 수 없습니다.
헛방망이질만 계속하게 됩니다. 투수도 어깨에 힘이 들어가면 스트라이크
아웃을 잡을 수 없습니다. 포볼을 내주거나 폭투를 해서 실점하게 됩니다.

부드러운 것이 좋습니다. 무엇보다도 마음이 부드러운 것이 좋습니다.
부드러운 마음은 격한 감정을 가라앉힙니다. 부드러운 마음은 험악한
분위기를 바꿉니다. 부드러운 마음은 저주를 축복으로 바꿉니다. 부드러운
마음은 미움을 사랑으로 바꿉니다. 부드러운 마음은 칼을 내려놓게 합니다.

강팍한 마음은 멸망을 불러들입니다. 그냥 지나쳐 가는 멸망을 기어이
불러들입니다. 그리고 자기가 당합니다.
바로는 마음이 강팍했습니다. 10번이나 기회가 있었지만 번번이 마음을
강팍케 하다가 멸망했습니다.
광야를 통과하던 이스라엘 백성의 마음이 강팍했습니다.

여호수아와 갈렙 외에는 가나안으로 들어가지 못했습니다.

부드러운 마음을 소유하십시오 축복이 와서 안깁니다.

노하심을 격동하여 광야에서 시험하던 때와 같이 너희 마음을 강팍
케 하지 말라(히 3:8)

서로 원망하지 말라

원망처럼 무서운 병은 없습니다. 암보다도 무섭습니다. 암에 걸린 사람은 낫는 경우도 있고, 죽음을 맞이한다 해도 피해를 적게 끼칩니다.

그러나 원망이라는 병에 걸리면 헤어나기가 어렵습니다.

그리고 그 피해 또한 큽니다. 자기 혼자만이 아니라 많은 사람을 멸망의 구렁텅이로 끌고 갑니다.

가정에 원망하는 사람이 있으면 행복의 등불이 꺼집니다. 교회에 원망하는 사람이 있으면 원망하는 사람도, 교회도 어려움을 겪습니다.

나라를 원망하는 사람이 많으면 나라가 바로 서지 못합니다.

역사 이래로 원망하는 사람이 잘된 경우는 없습니다.

물론 마음에 들지 않는 부분도 있을 것입니다. 가정에서도, 교회에서도, 회사에서도, 나라도 부족한 부분이 있을 것입니다. 그러나 원망하면 안됩니다. 누가 원망하더라도 따라서 원망하지 말고 원망을 잠재워야 합니다. 원망은 잠재우고 소망을 깨워야 합니다. 어머니가 아기를 무릎에 누이고 자장가를 부르듯 원망이 여기저기 돌아다니지 못하도록 무릎에 누이고 잠재워야 합니다.

소망은 언제나 원망이 잠들어야 일어나 우리에게 복을 줍니다.

형제들아 서로 원망하지 말라 그리하여야 심판을 면하리라 보라 심판자가 문밖에 서 계시느니라(약 5:9)

▪화(禍)▪가▪되▪는▪일▪

모이기를 폐하는 어떤 사람들의 습관과 같이 하지 말라

모여야 일이 됩니다. 가족이 모여야 좋은 가정이 됩니다. 가족이 뿔뿔이 흩어져 나가면 행복한 가정이 아닙니다.

교회도 모여야 합니다. 모임이 줄어들고, 모임을 싫어하면 교회는 힘을 잃고 맙니다. 모여서 기도하고 모여서 교제하고 모여서 찬양할 때 교회가 성장합니다. 모여서 힘을 합할 때 선교의 사명도 감당할 수 있습니다.

모임이라고 해서 모두가 좋은 것은 아닙니다. 술친구로 모이고, 놀음으로 모이는 좋지 못한 모임도 있습니다. 세상에는 모임도 많습니다.

야구장도 가득 차고, 농구장도 가득 찹니다. 극장도 가득 차고, 경마장도 가득 찹니다. 모이는 것이 좋긴 하지만 구별해서 모여야 합니다.

그리스도인은 모임을 조심해야 합니다. 어떤 모임인지를 바로 알고 결정해야 합니다.

교회의 모임은 거룩한 모임입니다. 생명의 모임입니다.

세상의 모임을 자제하고 교회의 모임을 힘써야 합니다.

그래야 마지막 모임을 천국에서 할 수 있습니다.

모이기를 폐하는 어떤 사람들의 습관과 같이 하지 말고 오직 권하여 그 날이 가까움을 볼수록 더욱 그리하재(히 10:25)

인도자로 하여금 즐거움으로 하게 하고 근심으로 하게 말라

배우는 사람의 자세는 가르치는 분의 지도를 잘 따르고 열심을 다하는데 있습니다. 가르침에 대해 감사하고 즐거워하고 적극적으로 하면 가르치는 분이 신이 나서 더 열심을 내실 것입니다.

20여 년 전에 테니스를 배웠습니다. 그 후로 지금까지 계속해서 운동하고 있습니다. 처음 6개월 동안 레슨을 받았습니다. 한번 시작하면 뿌리를 뽑는 성격이 있어서 열심히 배웠습니다. 하루 30분씩 레슨을 해주는데 코치는 저에게는 한 시간 가까이씩 레슨을 해주었습니다. 이유는 제가 악착같이 했기 때문입니다. 멀리 떨어지는 볼이건 가까이 떨어지는 볼이건 끝까지 포기하지 않고 뛰어 다녔습니다. 코치는 저를 시험하느라 짧게, 길게, 오른쪽 끝으로, 왼쪽 끝으로 볼을 쳐주었습니다. 보통 사람 같으면 포기할 볼을 죽어라 쫓아다녔습니다. 이런 모습이 좋았던지 제게는 시간을 더 할당해 주었습니다. 지도자들로 하여금 즐겁게 가르치시도록 열심을 내십시오. 이런 일, 저런 일, 어떤 일을 요구해도 즐거운 마음으로 하십시오. 지도자의 마음이 즐거우면 배우는 사람에게 유익이 있습니다.

너희를 인도하는 자들에게 순종하고 복종하라 저희는 너희 영혼을 위하여 경성하기를 자기가 회계할 자인 것 같이 하느니라 저희로 하여금 즐거움으로 이것을 하게 하고 근심으로 하게 말라 그렇지 않으면 너희에게 유익이 없느니라(히 13:17)

▪화(禍)▪가▪되▪는▪일▪

주의 꾸지람에 낙심하지 말라

꾸중을 많이 들은 아들이 잘되는 경우가 많습니다. 꾸중을 많이 들은 선수가 훌륭한 선수가 됩니다. 감독은 쓸만한 선수는 꾸중도 많이 하고 잔소리도 많이 합니다. 그러나 기대하지 않는 선수는 잘못을 하여도 별로 꾸중하지 않습니다.

선생님도 기대하는 학생에게는 꾸중을 많이 합니다. 저의 부끄러운 과거를 고백합니다. 대학 때 기말고사를 치렀습니다. 뒤에 앉은 여학생이 자꾸만 제 시험지를 달라고 했습니다. 보여 달라는 정도가 아니라 아예 시험지를 바꾸자는 것입니다. 이름만 바꿔 쓰고 주관식 문제만 지우고 자기 필체로 다시 쓰면 된다는 것입니다. 실랑이를 하다 뒤에서 낚아채 가는 바람에 시험지를 바꾸고 말았습니다.

마침 이 광경이 감독 교수님께 발각이 되었습니다. 곧바로 교무실로 불려갔습니다. 교수님은 어디서 구하셨는지 굵은 각목 하나를 들고서는 교수님들이 모두 계신데서 사정없이 엉덩이를 내리치셨습니다. 이 놈이 성실한 줄 알았는데 아니라는 것입니다. 이 놈이 앞으로 사회에 나가서 미인이 회사기밀을 빼달라고 하면 빼줄 놈이라고 망신을 주셨습니다. 그 교수님은 평소 저를 사랑하셨던 분입니다.

전체 교수님 앞에서 망신을 당하고 엉덩이에 피멍이 들도록 열 대를 맞은 부끄러운 경험으로 인해 저는 그 교수님을 가장 존경하게 되었습니다.

하나님께서도 사랑하시는 자들은 꾸중하시고 징계하십니다.

내 아들아 주의 징계하심을 경히 여기지 말며 그에게 꾸지람을 받
을 때에 낙심하지 말라 주께서 그 사랑하시는 자를 징계하시고 그
의 받으시는 아들마다 채찍질하심이니라(히 12:5~6)

▪화(禍)▪가▪되▪는▪일▪

예언을 멸시치 말라

성경은 예언으로 가득 차 있습니다. 장래 일을 말할 뿐 아니라 내세의 일까지 밝혀주고 있습니다. 이 세상에 성경 말씀처럼 되어 있는 책은 없습니다. 세상에 많고 많은 책이 있습니다. 하루에도 수십 종이 넘는 신간이 쏟아져 나오고 있으니 서점은 신간들을 수용할 능력이 없습니다. 몇 일만 지나면 신간 자리에서 밀려나게 됩니다.

이토록 많은 책들이 있지만 장래를 예언한 책은 없습니다. 있다 해도 인간의 생각과 계산으로 부분적인 것만을 밝힌 정확하지 못한 것들입니다.

성경의 예언을 멸시하면 안됩니다. 무시하면 안됩니다. 별것 아니게 여기면 안됩니다. 구약에 수 차례 예언된 메시야가 때가 되매 처녀의 몸을 입고 이 땅에 오셨습니다. 예언된 대로 십자가에 죽으시고 예언된 대로 삼일만에 살아 나셨습니다.

이제 가장 중요한 한 가지 예언만 남았습니다. 다시 오신다는 예언의 말씀입니다. 인류의 심판주로, 각자가 행한 대로, 천국과 지옥을 예비하시고 영광스러운 모습으로 다시 오신다는 것입니다.

예수님은 다시 오십니다. 정녕 다시 오십니다.

아멘 주 예수여 오시옵소서.

예언을 멸시치 말고(살전 5:20)

하늘로나 땅으로나 아무것으로도 맹세하지 말라

사람은 절대자가 아닙니다. 내일 일도 알 수 없는 존재이며 내 몸 하나 내
뜻대로 할 수 없는 존재입니다. 감기 하나라도 내 뜻대로 물리치지 못하고,
내가 낳은 자식이라도 내 뜻대로 기를 수 없습니다.
그러므로 맹세하면 안됩니다. "내가 이렇게 하겠다" "내가 이루어 놓겠다"
"내가 맹세하마"하면 안됩니다.

임금이 궁궐을 비운 사이에 궁궐에서 일이 발생하면 임금이 돌아와 결정할
때까지 신하들은 기다려야 합니다. 내시는 물론이고 상궁은 물론이고
영의정이라 할지라도 "이 문제는 내가 해결하겠다" "내가 결정하겠다"
"내가 어명을 내리겠다"라고 할 수 없습니다.

한 나라의 통치자 앞에서도 그러하겠거늘 만유의 통치자이신 하나님
앞에서 맹세하는 것은 잘못된 일입니다. 죄를 당하는 일입니다.
우리의 자세는 오늘을 최선을 다해 사는 일입니다. 내일은 하나님께 맡기고
오늘을 기쁨으로 사는 것입니다.

내 형제들아 무엇보다도 맹세하지 말지니 하늘로나 땅으로나 아무
다른 것으로도 맹세하지 말고 오직 너희의 그렇다 하는 것은 그렇
다 하고 아니라 하는 것은 아니라 하며 죄 정함을 면하라(약 5:12)

•화(禍)•가•되•는•일•

가인 같이 하지 말라

가인은 인류 최초의 살인자로 정죄를 받고 있습니다.

모든 살인은 반드시 동기가 있습니다. 재산이 탐이 났든지, 원한이

있었든지, 미움이 있었든지 반드시 이유와 목적이 있습니다.

좋은 차를 타고 좋은 집에서 떵떵거리며 산다는 이유 같지 않은 이유로

칼을 휘두르는 사람이 있기도 하는 현실에서 살고 있습니다.

가인이 동생 아벨을 죽인 것은 동생의 행동이 의롭기 때문이었습니다.

동생은 하나님께 인정을 받고 자기는 인정받지 못함이었습니다.

어떻게 보면 이런 것은 아무런 살인의 동기가 되지 않을 것 같지만 이것이

죄악된 인간의 모습입니다.

이러한 의는 마귀나 마귀에게 속한 자의 미움을 불러일으킵니다.

가인은 마귀에게 속하여 이런 미움이 일어났습니다.

누구에게 속하느냐가 중요합니다. 마귀에게 속하면 동생이 동생으로 보이지

않습니다. 마귀에게 속하면 가룟 유다처럼 선생님이 선생님으로 보이지

않습니다. 어디에 속해 있나 자신을 점검하는 일이 종합 건강 진단보다

중요한 일입니다.

가인 같이 하지 말라 저는 악한 자에게 속하여 그 아우를 죽였으니
어찐 연고로 죽였느뇨 자기의 행위는 악하고 그 아우의 행위는 의
로움이니래(요일 3:12)

자유로 악을 가리우는 데 쓰지 말라

자유를 잘 쓰면 복이 되고 잘못 쓰면 화를 불러일으킵니다.

우리의 삶에는 법이라는 것이 있어 어느 정도 자유를 억제하고 있습니다.

법으로 억제하지 않으면 방종으로 치달아 망하기 때문입니다.

예전에는 통행금지가 있었습니다. 밤 12시가 되기 전에 모두가 집으로

돌아가야 했습니다. 그 후 인권을 중시한다는 이유로 통행금지를

해제했습니다. 밤 시간을 자유롭게 했습니다. 결과적으로 범죄도 자유롭게

하고 말았습니다. 묶여 있던 범죄가 고삐를 풀고 자유의 밤을 누볐습니다.

미성년자 관람불가라는 팻말이 극장에 붙어 있었습니다. 선정적이거나

지나친 폭력 장면은 사전 심의로 가위질을 해서 방영했습니다.

그러나 이에 대해 거센 반발이 있었습니다. 예술을 가위질한다는 것입니다.

자유롭게 문화를 향유해야 한다고 주장했습니다. 비디오가 자유롭게 팔려

나갔습니다. 이러한 자유의 물결 위로 범죄의 배가 만선이 되어 떠다니고

있습니다.

자유로 악을 위해 쓰면 안됩니다. 자유는 생명처럼 귀한 것이로되 잘 써야

생명이 됩니다.

돈도 잘 써야 하지만 자유도 잘 써야 합니다.

자유하나 그 자유로 악을 가리우는데 쓰지 말고 오직 하나님의 종
과 같이 하라(벧전 2:16)

▪화(禍)▪가▪되▪는▪일▪

다시는 종의 멍에를 메지 말라

돼지는, 아무리 깨끗이 해 주어도 금방 지저분한 데로 되돌아갑니다.
시골에서 돼지를 길렀습니다. 좁디좁은 돼지우리 안에서 돼지는
살아갑니다. 거기서 먹고, 거기서 싸고, 거기서 잠을 잡니다. 짚을 새로 넣어
주어도 금방 더러워집니다. 침대가 거름더미요 이불이 오물입니다.
온몸이 자기가 배설한 똥오줌과 진흙으로 범벅이 되어 깨끗한 구석이
하나도 없습니다. 이렇게 되면 돼지우리를 깨끗이 치워 줍니다.
돼지를 밖으로 끌어내고 거름더미를 다 치운 다음 뽀송뽀송한 새 짚으로
깔아 줍니다 신혼 방을 꾸며주듯 새 단장을 해줍니다.

모처럼 밖으로 나와 넓은 세계를 만난 돼지는 한동안 정신없이 마당을
뛰어다니며 자유를 만끽합니다. 마당이 온통 돼지가 휘젓고 다닌
발자국으로 엉망이 됩니다.
신혼 방처럼 새롭게 단장된 우리로 들어간 돼지는 그 깨끗함과 쾌적함을
누리지 않습니다. 들어가자마자 다시 똥, 오줌으로 범벅을 하고 이내 옛날로
되돌아갑니다.

예수님께서는 죄와 오물로 범벅이 된 우리들을 건져내시고 자유를
주셨습니다. 하나님의 자녀로 깨끗하게 해 주셨습니다. 마귀의 종의 멍에를
풀어 주셨습니다.

그러므로 돼지처럼 다시 세상으로 돌아가 뒹굴면 안됩니다.

다시 종의 멍에를 메지 말아야 합니다.

> 그리스도께서 우리를 자유케 하려고 자유를 주셨으니 그러므로 굳
> 세게 서서 다시는 종의 멍에를 메지 말라(갈 5:1)

▪화(禍)▪가▪되▪는▪일▪

담대함을 버리지 말라

지금은 좋은 시대에 살고 있습니다. 예수 믿는다고 핍박하는 사람이 없습니다. 국가가 박해하는 일도 없고, 예수 믿는다는 이유로 삶의 터전에서 쫓겨나는 일도 없습니다. 그러나 얼마 전만 해도 얼마나 어려웠습니까? 초대 교회의 박해는 접어 두고라도 우리 나라만 해도 얼마나 가혹한 시대를 우리 선진들이 살아오셨습니까?

일제 치하에서의 혹독한 탄압을 이겨 오셨고, 공산 치하에서도 생명을 놓고 영적 싸움을 하셨습니다. 순교의 피를 이 땅에 쏟았습니다. 그리하여 이 저주의 땅을 축복의 기적의 땅으로 바꾸어 놓았습니다. 믿음의 선진들이 이렇게 승리하신 것은 담대함이었습니다. 죽음 앞에서도 십자가를 부인하지 않고 믿음을 지킨 담대함이었습니다.

오늘 이처럼 자유로운 환경에서 신앙 생활하는 우리들에게 얼마나 담대함이 있을까요? 대중음식점에서 창피하다고 기도하지 못하고 어물쩍 숟가락을 드는 모습, 교회를 비난하는 무리 앞에서 입을 다물고 있는 모습, 가정의 작은 핍박 아래서 신앙을 포기하는 모습, 직장의 작은 불이익을 우려해서 따라가는 연약한 모습들, 이러한 모습들이 우리의 모습이 아닌가 돌아봅니다. 담대함을 버리지 말아야 합니다.

그러므로 너희 담대함을 버리지 말라 이것이 큰 상을 얻느니래(히 10:35)

주께는 하루가 천년 같고 천년이 하루 같은
한 가지를 잊지 말라

사람은 조급합니다. 기다리지 못하고, 참지 못합니다. 작은 일로 발끈하고
화를 냅니다. 오래오래 참지 못하고 일을 결정하고 낭패를 볼 때가
많습니다. 조금만 더 기다렸으면 좋았을 것을 기다리지 못해 일을 그르치고,
조금만 더 참았으면 좋은 날이 왔을 텐데 조금을 더 참지 못해 기회를
놓쳐버리는 경우가 많습니다.

로미오와 줄리엣처럼 슬픈 마지막도 없습니다. 줄리엣이 죽은 줄 알고
로미오가 따라서 죽고, 깨어난 줄리엣은 로미오를 따라서 죽는 비극 중의
비극입니다. 이 때 로미오가 조금만 더 기다렸었다면 얼마나 좋았을까요?
하나님께서는 오래오래 기다리십니다. 우리를 위해 기다리십니다.
한 영혼이라도 더 구원받게 하시기 위해 기다리고 또 기다리십니다.
하루가 지나기를 천년 세월이 흐르는 것처럼 애타게 기다리시고, 천년
세월이 지나도록 마치 하루를 보내듯이 안타까운 심정으로 죄인이 주께
돌아오기를 기다리십니다.
주님은 오십니다. 주님의 재림에 감각이 무디어지면 안됩니다.
주님은 반드시 오십니다.

사랑하는 자들아 주께는 하루가 천년 같고 천년이 하루 같은 이 한
가지를 잊지 말라(벧후 3:8)

• 화(禍) • 가 • 되 • 는 • 일 •

삼가 말하신 자를 거역하지 말라

"용의 눈물"이라는 조선 왕조의 역사를 다룬 대하드라마가 인기 리에 방영된 일이 있습니다. 이 드라마를 보면서 임금님의 말이 얼마나 권위가 있는지 새삼 느꼈습니다. 임금의 명은 그 누구도 거역할 수 없습니다. 어명 앞에선 천하가 떨었습니다. 어명 앞에선 어떤 권력자이든, 처남이든, 장인 어른이든 사약을 받았습니다. 어명을 거역하면 대역 죄인이 되어 온 집안이 멸문이 되어 버리는 것입니다. 감히 어명 앞에 머리를 들고 거역하는 일은 있을 수 없는 일이었습니다.

장구한 세월 중 한 토막을 살다가는 세상의 임금의 명도 이렇게 거역할 수 없는데 하물며 영원한 통치자 왕의 왕이신 주님의 말씀을 거역한다면 어떻게 되겠습니까?

넓고 넓은 세상의 한 부분을 다스린 임금의 명도 거역할 수 없거든 세계와 우주와 만물을 다스리시는 왕의 말씀을 거역한다면 어떻게 되겠습니까?

하나님의 말씀에 순종해야 합니다. 거역해서는 안됩니다. "하라" 하신 것은 그대로 하고 "하지 말라" 하신 것은 하고 싶어도 안 해야 합니다.

축복은 순종의 열매입니다.

참으로 부족한 저에게 이 글을 쓰게 하신 하나님께 모든 영광을 돌립니다.

너희는 삼가 말하신 자를 거역하지 말라 땅에서 경고하신 자를 거역한 저희가 피하지 못하였거든 하물며 하늘로 좇아 경고하신 자를 배반하는 우리일까 보냐(히 12:25)

예배와 삶의 일치